KB273489

# 내 영혼의 푸시업

"영혼과 가까워지려면 몸이 싫어하는 일을 하라!"

# 내 영혼의 푸시업

하루 5분으로 자신감을 창조하고 삶을 바꾸는 몸과 마음의 푸시업 토털 매뉴얼

**일지 이승헌 지음**

한문화

No Pain No Gain 고통이 없으면 얻는 것도 없다
No Action No Creation 행동하지 않으면 창조는 없다

# 차 례

## 3부 | 가능성을 나누고 확장해보자

# 왜 푸시업인가?

국내 최대의 심신수련 전문교육기관인 단월드에서 기氣수련 열풍이 아닌 '푸시업 열풍'이 불고 있다면 누구나 그 배경이 궁금해질 것이다. 그래서인지 많은 사람들이 이런 질문을 해온다. "푸시업을 하면 깨달을 수 있습니까?" "푸시업으로 습관을 바꿀 수 있습니까?" "푸시업으로 공부를 잘 할 수 있습니까?" "푸시업으로 운명을 바꿀 수 있습니까?" 그들의 궁금증은 끝이 없어 보이지만 나의 대답은 한 가지, "YES!"이다.

중요한 것은 푸시업을 '어떤 마음으로 하느냐'이다. 누가 어떤 목적으로 사용하느냐에 따라서 삶의 질을 높일 수도 있고, 더 나아가 영적으로 성숙해질 수도 있다.

현재 단월드의 지도자들에게 푸시업은 그들의 전용 사이트에 입장하기 위한 하나의 통과 절차가 되어 있다. 매일 푸시업을 하고 그 개수를 입력해야만 메인 창으로 들어갈 수 있다. 아마 처음에는 이런 절차가 꽤 성가시고 번거로웠을 것이다. 그러나 3개월이 지난 지금, 그들은 푸시업을 스스로의 의지를 실험하는 지표로 삼고 있다. 푸시업을 통해 자신의 체력과 뇌력, 심력을 키우고 있으며 그 결과 업무 효율, 경영 성과가 눈에 띄게 높아졌다.

나는 가끔 모니터 앞에서 푸시업 현황판을 둘러본다. 여기서는 미주, 일본, 영국 등 전 세계에서 활동하는 수천 여명의 단월드 지도자들의 푸시업 개수를 한눈에 볼 수 있다. 처음에 20개 정도 하던 사람이 3개월이 지난 지금 100개, 200개를 거뜬히 해내는가 하면 최근에는 연수원에 근무하는 한 지도자가 10,000개라는 경이로운 기록을 세워서 신선한 충격을 주기도 했다.

또 얼마 전에는 각 부서별 푸시업 단체전이 열려 축제 분위기를 방불케 했다. 단체전이 있는 날 출장을 간 사람은 출장지에서, 어깨가 아픈 사람은 앉았다 일어서는 다리 푸시업으로, 누구나 예외 없이 자기가 속한 팀의 명예를 위해서 최선을 다해야 했다. 서로 격려하는 열띤 응원전까지 펼쳐지자 그 열기로 평소 기록보다 2배가 넘는 개인 기록들이 쏟아졌는데 그 과정에서 개인의 한계는 물론 팀의 한계를 넘어가는 극적인 체험을 하기도 했다.

## 세계인이 함께 푸시업을 한다면?

단월드가 한국을 대표하는 세계적인 정신문화 기업으로 도약하기 위해서 나는 무엇보다 팀워크가 중요하다고 생각했다. 특히 '나와 민족과 인류를 살리겠다' 는 단월드의 큰 비전 경영을 실천하기 위해서는 팀워크가 필수적이다. 큰 그림은 혼자서 그릴 수가 없다. 어느 한 명만 잘해서는 열매를 맺을 수가 없는 것이다. 단 한 명의 낙오자도 없이 함께 가기 위해서 나는 구성원들의 몸과 마음을 이어주는 가교로 푸시업을 선택했다. 길가의 돌멩이처럼 버려진 푸시업을 주워서 반짝거리는 다이아몬드로 만든 것이다.

푸시업을 통해 자신의 한계를 뛰어넘고 변화하고 성장하는 지도자들의 소식을 대하면서 푸시업을 우리 내부에만 묶어둘 것이 아니라 국민운동으로, 아니 세계인의 생활 건강법으로 확대 보급해야겠다는 희망을 품게 되었다. 얼마 전에 많은 직장인들이 수입의 상당량을 건강과 관련한 보험상품에 쏟아붓는다는 뉴스를 들은 적이 있다. 나는 이들이 안고 있을 건강 염려증이나 불안에 대해 안타까운 마음이 들면서도 한편으로는 자신의 건강을 위해 좀 더 적극적으로 대처했으면 하는 아쉬움이 남았다. 자기 자신을 진정으로 사랑한다면 병에 걸릴 때를 대비하기보다 병에 걸리지 않는 튼튼한 몸을 만드는 편이 더 실질적이지 않겠는가? 만약 우리 국민이 모두 푸시업을 한다면 대한민국 의료보험비의 상당 부분이 절약될 것이다.

푸시업은 누구나 마음만 먹으면 언제 어디서나 손쉽게 할 수 있는 부작용이 없는 운동이다. 일부에선 재미 있는 운동도 많은데 "왜 하필이면 푸시업이냐?"고 묻는다. 팔을 굽혔다 펴는 것이 동작의 전부이니 이만큼 재미 없고 지루한 운동도 없다. 하지만 관점을 달리해서 보면 푸시업만큼 간단하고 효과적이고 경제적인 운동도 없다. 벽이나 책상을 이용해 몸을 움직일 수 있는 공간만 있으면 바로 시작할 수 있기 때문이다.

원래 진리는 단순하다. 단순한 하나가 개인을 바꾸고, 조직을 바꾸고, 사회를 바꾸고, 국가를 바꾼다. 그리고 세계를 바꾼다. 그것이 단순함이 가진 파워다. 푸시업은 자신을 변화시키고 자기 성장을 관리할 수 있는 가장 단순한 도구이다. 시간을 쪼개 헬스 클럽에 등록하지 않아도 되고 값비싼 운동기구를 들여 놓지 않아도 된다. '하겠다'는 마음만 먹으면 당장 그 자리에서 할 수 있는 운동이 푸시업이다.

## 하루 5분의 기적

많은 사람들이 건강의 중요성과 운동의 필요성은 절감하면서도 행동은 차일피일 미룬다. 왜일까? 여러 가지 이유가 있겠지만 그 중에서도 시간이 없다는 핑계가 1순위일 것이다. 푸시업은 이런 핑계를 단번에 잠재울 수 있는 운동이다. 하루 5분만 투자하면 된다. 아무리 바쁜 사람도 자투리 시간 5분은 낼 수 있다. 5분이면 푸시업 100개를 하고도 남는 시간이다.

현대인의 질병은 대부분 스트레스와 잘못된 생활 습관에서 비롯한다. 특히 운동 부족은 면역력을 떨어뜨리는 주 요인이다. 인간은 원래 가만히 있도록 만들어지지 않았다. 몸의 입장에서 보면 한 자리에서 대부분의 시간을 꼼짝하지 않고 지내는 것만큼 부자연스러운 것도 없다. 생명체는 활발하게 움직여야 한다. 움직여야만 온 몸에 피를 보내는 심장이 펌프질을 힘차게 하고 순환계와 몸의 모든 체계가 제대로 돌아갈 수 있다.

푸시업을 꾸준히 하면 혈액순환이 원활해지면서 자연히 심장과 폐 기능이 좋아진다. 또 근육과 뼈가 튼튼해져서 근력과 지구력이 강화된다. 이 외에도 몸의 긴장이 완화되어 스트레스에 대한 대응력이 커지고, 삶에 대한 왕성한 호기심으로 모든 일에 활력이 생기고 하루하루가 즐거워진다. 이렇듯 하루 5분으로 얻을 수 있는 효과는 헤아릴 수 없이 많다.

나는 지난 20년간 깨달음의 평화 운동을 펼쳐오면서 몸을 통한 진리만큼 생생하고 확실한 것이 없다는 것을 체득한 사람이다. 행동을 통해서 우리는 잘못 길들여진 습관을 바꿀 수 있다. 좋은 책을 읽고 좋은 말을 들었다고 금방 훌륭한 사람이 되지는 않는다. 행동하고 체험한 정보라야 우리 몸 속에 깊숙이 각인되고 그 때 뇌의 정보가 바뀌고 내가 바뀐다.

## ‘그냥 하기’의 위대함

자신의 능력을 최대한으로 발휘하기 위해서는 체력을 길러야 한다. 삶에 대한 적극적인 태도와 힘은 결국 체력에서 나온다. 체력이 없는 학생, 체력이 없는 군인, 체력이 없는 경찰을 생각해 보라. 그 국가가 과연 제 기능을 할 수 있겠는가? 말 그대로 “체력은 국력이다”. 체력이 있어야 평화도 있고 깨달음도 있다.

나는 푸시업으로 개인의 운명과 조직의 운명, 국가의 운명까지 바꿀 수 있다고 믿는다. 중요한 것은 목표를 향해 의지를 내고 행동하는 것이다. 머리는 끊임 없이 비전을 생각하고 팔다리는 계속 움직여야 한다.

모든 일이 그렇듯 시작이 어렵지, 일단 하기로 마음을 먹으면 그 다음부터는 쉬워진다. 할 수 있는 것은 무엇이든 시도해 보라. 성공하는 사람들의 이야기를 들어보면 무슨 특별한 비결이 있는 게 아니다. 그냥 ‘한다면 한다’ 는 정신으로 해야 할 일을 앞에 두고 전력투구를 했을 뿐이다.

사실 ‘그냥 하는 것’ 이상의 방법은 없다. ‘그냥 하기’ 는 이런저런 부정적인 생각이 끼어들 틈을 주지 않으면서, 힘을 한 곳에만 집중할 수 있게 해주는 최고의 방법이다.

어떤 일이건, 무언가를 시도할 때는 늘 저항이 따른다. 그럴 때마다 싱글벙글 웃으면서 무슨 일이든지 발전적이고 적극적으로 생각하는 훈련이 필요하다. 그것이야말로 저절로 몸이 건강해지고 기분이 좋아지는 생활 습관이다. '내가 저것을 할 수 있을까?' 라는 생각이 올라오면 바로 '나는 저것을 잘 할 수 있다' 라고 스스로에게 자기 확신을 주는 정보로 바꿔라. 이렇게 마음먹고 시작하면 진짜 잘 할 수 있다.

푸시업은 깨달았다고 할 수 있는 것이 아니다. 근육의 힘으로 하는 것이다. 우리의 뇌를 통해서 하는 것이다. 시작하기 전에 먼저 자기가 할 수 있는 숫자를, 예를 들어 10개를 뇌에 입력하고 하루 3번씩 꾸준히 해보라. 그걸 일주일 동안 하면 팔 힘이 생긴다. 그 다음에 개수를 더 늘려간다. 그런데 10개를 하던 사람이 바로 100개를 하겠다고 덤비면 몸이 고장난다.

중요한 것은 멈추지 않고 꾸준히 실천하는 것이다. 낙숫물이 바위를 뚫을 수 있는 것도 오랜 세월 한 곳에 자신의 모든 힘을 집중했기 때문이다.

# ⌐ No pain No Gain! No Action No Creation! ¬

고통이 없으면 얻는 것도 없다. 그리고 행동하지 않으면 창조는 없다. 푸시업을 하면서도 목표 개수에 이르기까지 수많은 저항이 있다. '내가 이걸 꼭 해야 돼? 왜 해야 되지? 이만하면 됐지 않을까?' 등등 여러 가지 의문들이 떠오를 것이다. 그것이 바로 몸의 소리이고, 감정의 소리이다. 이 때 감정의 소리를 듣고 포기하느냐? 영혼의 소리를 듣고 계속하느냐? 이것은 전적으로 자신의 선택이다. 누구도 강요할 수 없다. 우리 뇌는 그 동안 감정이나 욕망의 소리에 지배당해왔다. 그래서 뇌는 영혼이 주인인지, 감정이 주인인지를 잘 구분하지 못한다. 푸시업은 우리 안에 늘 존재했지만 느끼지 못했던 영혼을 일깨워주고 영혼의 성장을 위한 내면의 힘을 키워줄 것이다.

뇌에게 '내 영혼의 주인이 나' 라는 걸 알려주려면 우리 몸이 싫어하는 것부터 시작해야 한다. 내 몸이 좋아하고 감정이 좋아하는 것은 별 도움이 안 된다. 푸시업을 하다 보면 자연스럽게 몸에 집중하게 된다. 육체의 고통과 땀을 통해서 그동안 바깥으로 쏠렸던 외부 의식을 몸 안으로 돌릴 수 있고, 그 가운데 내면의 목소리, 영혼의 소리를 들을 수 있게 된다. 영혼의 소리를 들을 수 있을 때 비로소 우리는 진정한 자신감을 회

복할 수 있다.

푸시업 10,000개는 경이로운 숫자이다. 하지만 이 기록은 또 깨질 것이다. 처음 푸시업을 할 때는 20개, 30개를 하던 사람도 꾸준히 하면 100개까지는 할 수 있다. 그 이상은 정신력도 필요하다. 푸시업의 개수가 늘어나면서 근육이 튼튼해지는 것처럼 우리의 뇌도 훈련을 통해서 얼마든지 성능이 좋은 뇌로 계발할 수 있다. 나는 몸뿐만 아니라 마음과 영혼의 근육을 기르는 푸시업을 BR(Brain Respiration)푸시업이라고 명명했다. BR푸시업은 체력과 뇌력, 심력을 길러줌으로써 자기 자신을 온전히 건강하게 만든다. 한 사람이 건강해지면 그 자체로 주위에 좋은 영향을 끼치게 된다. 건강한 한 사람이 사회를 밝게 하고 지구를 환하게 만드는 것이다.

## ┌ 푸시업도 뇌호흡이다 ┐

평범한 사람도 훈련을 통해 근육을 단련시키면 푸시업 100개를 할 수 있는 것처럼 우리의 뇌도 훈련을 하면 누구나 놀라운 잠재력을 발휘할 수 있다. 지난 5월 13일 서울 프레스센터 19층에서는 한국뇌과학연구원 주최로 과학자와 언론인 150여 명이 모인 가운데 뇌호흡의 초감각인지

능력 계발에 관한 연구 발표회를 가졌다. 이날 행사는 SBS 프로그램 '도전! 백만불, 초능력자를 찾아라'에 대한 반박용 행사이기도 했다. 지난 3월 30일 SBS 프로그램에서 '안대로 눈을 가린 채 글자를 맞히는 것은 투시 능력이 아니라 안대와 얼굴 사이 틈으로 보는 것'이라는 내용의 방송을 사실 확인도 없이 내보내는 바람에 한국뇌과학연구원이 SBS를 명예훼손 혐의로 고소한 사건이 있었다.

이날 발표회에는 학생과 직장인 등 5명의 초감각인지능력 소유자들이 안대로 눈을 가린 채 즉석에서 관람자들이 내민 카드의 색깔과 모양, 카드에 쓴 글씨를 알아맞히는 시연을 보였다. 훈련 단계에 따라 한 번도 틀리지 않고 다 맞춘 학생도 있었고 간간이 틀린 사람도 있었다. SBS 프로그램 담당 제작자였던 남상문 프로듀서는 두꺼운 마분지에 손수 M자를 써서 봉투에 넣어 전달했는데 재미교포 조 양이 펜을 번쩍 들어 정답을 적자 긴장감이 감돌던 장내에서 일제히 환호성과 박수가 터져 나오기도 했다.

현재 뇌호흡의 4단계에서 나타나는 초감각인지능력에 대한 과학적 메커니즘에 대해서는 미국 캘리포니아대학교 UC어바인 신경과학연구소 칼코트만 박사와 공동협약을 체결하여 연구개발 중이다. 현장에서 직접

보고도 믿지 못하는 사람들을 위해서, 또 평범한 사람들도 얼마든지 잠
재력을 계발할 수 있다는 사실을 입증하기 위해서 뇌호흡에 대한 과학
적 연구는 앞으로도 꾸준히 이뤄질 것이다.

우리나라가 21세기의 두뇌강국이 되기 위해서는 관념의 틀에서 과감하
게 벗어나야 한다. 시도해보지도 않고 불가능하다고 생각하는 것은 자신
의 뇌를 영원한 불모지로 남겨두는 것과 같다. 모든 사람이 두뇌의 잠재
력을 실험하기 위해 초감각인지능력을 계발할 필요는 없다. 푸시업 하나
로도 자기 안에 숨은 무한한 힘을 체험할 수 있다.

푸시업의 개수를 늘려가는 과정에서 내면의 진실한 바람이 무엇인지 느
낄 수 있고 가슴 속 영혼의 느낌을 키울 수 있다. 체력이 어느 정도 갖춰
지면 그 바탕 위에서 우리가 오랫동안 품고 살아왔던 믿음들을 점검해볼
수 있고 자기 자신이나 자신의 일, 그리고 다른 사람들과의 관계에 대한
균형 잡힌 태도를 가질 수도 있다. 이런 균형이야말로 뇌의 기능을 확장
하는 비결이다.

우리의 뇌는 늙지 않는다. 어떤 시도를 할 때마다 끊임 없이 새로운 에
너지가 솟아날 것이다. 심장이 뛰는 날까지 자신의 한계에 도전하며 스

스로를 단련하기 바란다. 강하면서도 유연하게 자기 몸을 만들 때 신명나게 일을 할 수가 있다. 푸시업으로 체력과 뇌력과 심력이 좋아지면 그것이 뇌호흡이다.

자기 자신의 영혼이 자유롭고 스스로 힘이 넘치면서도 마음이 평화로워진다면 우리를 둘러싸고 있는 이 세상도 저절로 평화로워질 것이다. 나는 푸시업으로 새로운 평화 운동을 벌이려고 한다. 진정한 평화를 이룰 수 있는 주체는 우리 자신이다. 영혼의 자유와 완성을 위하여, 건강하고 평화로운 인류의 미래를 위하여 나 스스로 할 수 있는 푸시업부터 시작해보자!

2003년 11월 22일 세도나 일지명상센터에서 일지 이승헌

Just do it! 그냥 하라!

# 자신감을 창조하는 푸시업 첫걸음

## 1. 건강하고 튼튼한 근육 만들기

무산소 운동인 푸시업은 다리와 배, 등의 힘으로 균형을 잡고 가슴과 어깨 그리고 팔의 힘을 이용해서 하는 운동이다. 바른 자세로 하는 푸시업은 가슴을 이루고 있는 가슴 근육과 어깨를 이루고 있는 삼각근, 팔의 근육인 삼두근을 직접 자극해 단련시킨다. 또 등의 광배근과 복부, 앞넓적다리의 대퇴사두근과 뒤넓적다리의 슬와근을 간접적으로 자극해 단련시킨다. 지속적으로 해주면 골밀도가 높아져 골절과 골다공증을 예방할 수 있고, 척추를 바르게 펴주는 효과도 있다. 가슴과 등의 근육을 탄력 있게 발달시켜주며 폐와 심장을 튼튼하게 하는 데도 매우 효과적이다. 근육에는 흰색 근육과 붉은색 근육이 있는데 흰색 근육이 발달하면 힘과 스피드가 강화되고 붉은색 근육이 발달하면 지구력과 체력이 강화된다. 푸시업은 붉은색 근육을 단련하는 운동으로 보디빌더는 물론이고 운동 선수에게는 필수적인 운동이다.

## 2. 날씬하고 탄력 있는 몸매 만들기

푸시업은 팔과 어깨, 가슴 등의 힘을 주로 사용하지만 등과 배, 다리의 힘을 고르게 사용해야 하는 전신 운동이다. 또 신진대사를 활발하게 해주는 것은 물론 근육 내부에 지방을 연소시켜 근육 전체를 단단하게 해준다. 성별에 따라 다르지만 보통 푸시업을 10분 정도 하게 되면

80~100칼로리 정도 소모된다.  이는 등산이나 수영을 10분 동안 하는 것과 같은 수준으로 같은 시간 동안 하는 에어로빅이나 자전거 타기, 조깅보다도 높다.  또 효과적으로 상체의 근육들을 사용하기 때문에 팔뚝이나 등판의 불필요한 살을 빼는 데는 특효이다.

## 3. 지구력, 인내력, 집중력 기르기

푸시업을 통한 근력의 향상은 지구력을 높이고, 피로감을 줄여준다.  외부 영향에 대한 인체 자체의 저항력이 높아진다.  바른 자세를 유지한 채 목표한 개수를 채워나가기 위해서는 온 정신을 자신의 몸에 집중을 해야 하는데, 이 또한 정신력을 키우는 것이 된다.  상대 선수나 상대 팀과 겨루는 운동과는 다르게 푸시업은 자신의 몸과 자기 자신을 상대로 하는 운동이다.  그런 면에서 가장 어려운 상대와 하는 멘탈 게임이라고도 볼 수 있다.  따라서 누가 몇 개를 했다거나 얼마 동안 했다거나 하는 것에 영향을 받을 필요가 없다.  자신의 몸에 맞는 운동 계획으로 차근차근 건강을 다져가는 것이 중요하다.

**푸시업을 꾸준히 하는 6가지 방법**

1. 신나는 음악을 틀어놓고 재미있게 한다.

2. 함께 할 푸시업 친구를 만든다.

3. 목표 개수를 정한 뒤 초과 달성하면 보상한다.

4. 푸시업을 못했을 상황에 대비한다.

5. 푸시업으로 기대하는 효과를 적어서 곳곳에 붙여둔다.

6. 매일 푸시업 운동 일지(개수, 느낀 점)를 쓴다.

# 성공하는 사람들의 **푸시업** 예찬

│     태권도 하나로 미국인들의 사부가 된 이준구 의장. 그는 매일 수
십 명의 미국 현역 의원을 만나는 한국인이다.  미국 사람들은 뭐든지
눈으로 직접 봐야 믿기 때문에 이 의장은 71세의 고령에도 불구하고 행
사 때마다 1분 동안 푸시업 100개를 시범보이는 것으로 유명하다.  또
건강한 몸을 보여줘야 건강한 정신을 이해시킬 수 있다는 믿음으로 태
권도 발차기 수련을 수시로 하고 매일 1,000개의 푸시업으로 체력을
단련한다.

│     2000년 한국능률협회에서 주는 '한국의 경영자상'을 수상한 한국
도자기의 김동수(67) 회장은 수상 소감 연설을 부탁받자, 손가락만 짚
고 푸시업을 50개를 하는 것으로 연설을 대신했다.  경영자가 건강해야
직원들이 건강하고 기업이 건강해진다는 김 회장은 "최고 경영자가 할
일은 빠르고 정확한 의사 결정과 비전 제시인데, 몸이 건강해야 정신이
맑아지고 두뇌회전도 빨라져 합리적이고 정확한 판단을 내릴 수 있다"
고 말했다.  성성한 백발에도 불구하고 벽에 발도 대지 않고 물구나무서
기를 하는가 하면 손가락을 오므린 채 푸시업을 100회 정도 너끈히 해
내 '20대 체력'이라는 의사 진단까지 얻은 상태다.

│     미국 암스트롱아틀란틱 대학 스포츠의학 교수이자 아마추어 보디

빌딩 챔피언인 밥 레파비 박사는 "푸시업을 제대로만 한다면 힘과 지구력을 키울 수 있을 뿐만 아니라 근육을 효율적으로 단련할 수 있다. 상체의 모든 근육을 사용한다고 해도 과언이 아니며 많은 관절과 근육을 사용하기 때문에 성장에 아주 좋은 운동이다"라고 말했다.

| 데이터에 따른 확률 야구를 신봉하고 선수들을 혹독하게 훈련시키는 것으로 소문난 김성근 전 LG감독 또한 매일 푸시업과 윗몸일으키기를 200회씩 실시한다. 언제 어느 팀으로 가더라도 선수들에게 뒤지지 않을 체력을 가지고 있어야 한다는 것이 김 감독의 생각이다.

| 권투 세계 헤비급 챔피언이었던 마이클 타이슨은 핵주먹이라는 별명으로 유명하다. 주먹이 핵이어도 어깨와 팔 힘이 받쳐주지 않으면 미사일은 나가다 말 것이다. 그가 세계 제일의 강력한 펀치를 가질 수 있었던 비결은 무엇일까? 타이슨은 난폭한 생활로 몇 번의 감옥 생활을 했는데 그 속에서 지루함을 견디기 위해 가장 열심히 했던 운동이 푸시업이라고 한다.

| 메이저리거 박찬호의 아버지가 "세계적인 야구 선수 아들을 키우는 데 어떤 특별한 교육 방법이 있었느냐?"라는 질문을 받고 푸시업 이

야길 했다. 세탁소를 운영하면서 아들 셋을 키웠는데 사내애들이 장난이 어찌나 드세던지 말썽을 피울 때마다 벌로 "푸시업 100개!"를 시켰다는 것이다. 푸시업은 박찬호의 아버지가 세탁소의 좁은 공간에서 아들에게 줄 수 있는 최상의 벌이었다. 결국 장난이 심한 박찬호는 매일 100개의 푸시업을 해야 했다. 박찬호 선수도 어렸을 적을 회상하며 푸시업이 구속력을 높이는 데 크게 도움이 되었다고 한다. 흥미로운 것은 그도 처음에는 10개도 제대로 못했다는 것!

| 영화배우 전도연은 하루도 빼먹지 않고 푸시업을 한다. 마른 체형이지만 팔다리가 근육질인 비결은 모두 푸시업 덕이라고 한다. 배용준은 영화 '스캔들' 촬영 도중에 틈틈이 푸시업을 해서 멋진 몸을 보여주기 위해 노력했다는 후문. 가수 엄정화는 다이어트로 풀어진 몸을 탄탄하게 만들기 위해 푸시업을 하는데 바쁜 스케줄 중에도 짬짬이 할 수 있고 사무실이나 집에서 벽이나 의자를 이용해 쉽게 할 수 있어 좋다고 한다. 인기 가수 '비'도 몸매가 흐트러지는 것을 방지하기 위해 촬영 중에 틈틈이 물구나무서기와 푸시업, 윗몸일으키기로 온몸에 긴장을 준다고 한다.

| 흔들림 없는 집중력을 요구하는 클레이 사격에서 선수들이 주로

하는 근력 운동은 푸시업이다. 3.8킬로그램의 총을 지탱하기 위해서는 필수적인 운동이다.

꽃미남 영화배우 권상우는 멋진 육체미로도 유명하다. 권상우는 종종 TV 연예 프로그램에 나와 아무렇지도 않게 셔츠를 들어 배에 새겨진 '왕王' 자를 자랑하는데, 그 비결을 묻자 군대 생활 말년에 하도 심심해서 푸시업을 열심히 한 결과라고 말했다.

푸시업 세계 기록을 보유하고 있는 패디 도일은 22킬로그램을 몸에 달고 4,100개의 푸시업을 했고, 한 시간에 1,700개, 하루에 37,000개의 푸시업을 했다. 지난 해 전북 군산초등학교 김우중 군은 10세의 나이에도 2시간 동안 2,500개의 푸시업을 거뜬히 해내 주위를 놀라게 한 적이 있다.

경기 군포시 탕동에서 작은 구멍가게를 하고 있는 홍성근 씨(46)에게는 최강의 손이라는 별칭이 따라다닌다. 500원짜리 동전을 한 손으로 움푹 패게 만들고 중지 하나로 중형차 4~5대를 거뜬히 끌어 버리기 때문이다. 홍씨가 이런 기인열전의 모습을 만들어내게 된 사연은 안양시 환경미화원으로 일하면서 대형 뺑소니 교통사고를 당한 지난 90년에 비롯됐다. 왼쪽 어깨가 차에 부딪히면서 목 경추손상과 뇌진탕으로 병원신세를 몇 개월간 졌다. 하지만 영원히 왼쪽 팔을 못쓴다는 판정을 받고 결국 퇴원 무렵 받아든 것은 장애 3급 판정과 동시에 한아름의 진통제 및 관련 약들. 밤마다 찾아오는 엄청난 고통 속에서 숨조차 쉬기 힘들었는데 그때마다 의지하던 진통제는 홍씨를 점점 약하게 만들고 온갖 합병증으로 고통의 정도가 심해 갔다고 한다.

그래서 지긋지긋한 진통제를 버리고 고통을 잊기 위해 필사적으로 운동을 했는데 주로 앉았다 일어서기와 한손으로 하는 푸시업이다. 시간은 딱히 정해놓지 않은 채 고통이 잊혀지도록 반복 또 반복했는데 10년이 지난 지금 홍씨의 오른손 및 다리 근육 크기는 남들의 딱 2배다. 앉았다 일어서기는 1시간에 3,000~4,000여 번, 한 손으로 하는 푸시업은 아예 셀 수가 없을 정도. 그는 28개 종목을 한국기네스협회에 신청하기도 했다.

**첫째 주**(1일~7일)

몸을 통한 진리만큼 생생하고 확실한 것은 없다. 행동을 통해서 우리는 잘못 길들여진 습관을 바꿀 수 있다. 습관이 바뀌면 운명이 바뀐다. 푸시업을 통해 지금껏 한번도 제대로 사용하지 않은 영혼의 근육을 움직여보자.

# 변화를 원한다면 일단 **시작**해보자 >

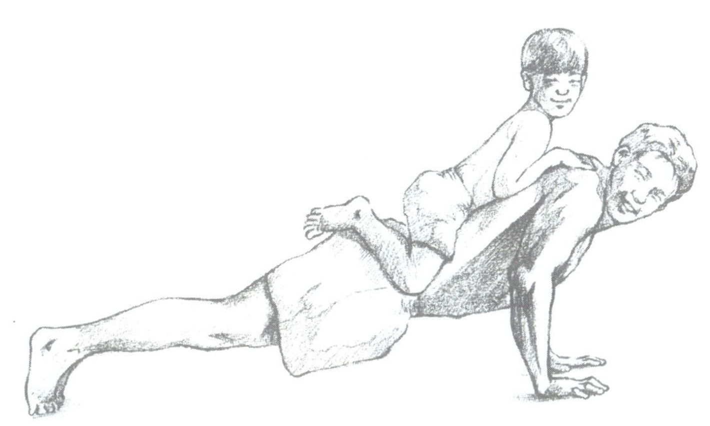

# 1일 나는 왜 푸시업을 하는가?

푸시업을 어떠한 목적으로 하는가에 따라 결과도 달라진다. 푸시업 21일 체험 과정에서 제일 중요한 포인트는 자기의 뇌를 장악하는 것이다.

그 동안 뇌가 감정에 휘둘려 자신이 뜻한 바를 제대로 이루지 못했다면 푸시업을 통해 감정을 다스리고 영혼이 뇌의 주인으로 자리매김할 수 있는 좋은 계기를 만들 수 있다.

만약 어떤 일을 시작해야 하는데 머리에서만 생각이 맴돌고 행동이 일어나지 않는다면 현재의 감정 상태부터 점검해봐야 한다. 행동을 일으킬만한 적절한 감정 상태가 아니라면 몸 상태를 바꾸든 아니면 생각의 초점을 바꾸든, 어떤 방법을 써서라도 뇌에게 지금의 감정 상태를 바꾸겠다는 명령을 내려야 한다. 두려움과 걱정, 좌절감과 중압감을 갖



푸시업이 건강에 좋은 21가지 이유 ①
심장 근육이 튼튼해진다.

는 상태에서 시작한 일은 절대로 바람직한 결실을 맺을 수가 없다. 크든 작든 뭔가를 이루기 위해서는 단단히 결심해야 한다. 스스로를 즐거움으로 상기된 상태, 창의력이 넘치는 상태에 이르도록 에너지를 끌어올려야 한다. 감정을 다스리려면 푸시업처럼 감정이 싫어하는 행동을 선택해서 무조건 시작해보자. 행동은 몸과 마음에 두루 영향을 미친다. 한 번 발동이 걸리면 감정은 순간적으로 바꿀 수 있다. 그 때 영혼은 확실히 자기 위치를 찾을 수 있을 것이다.


**뇌에게 자신의 목표를 담은 메시지를 전달하자**

예) 나는 푸시업 100번 하기를 원한다.

# 뇌가 반할 강력한 메시지를 찾아라

'성장 푸시업!'을 위해 독창적인 슬로건을 하나 만들어보자. 우선 푸시업 성장 시나리오를 마음 속으로 그린다. 의심스러운 것을 앞에 두고 목표를 이루는 유일한 조건은, 무엇이든 가능하다고 믿는 것이다. 목표를 설정할 때는 현재의 상황, 환경, 자기의 능력, 과거의 경험으로부터 일체 벗어나 순수한 기분으로 '나는 이것을 꼭 하고 싶다' '이것을 할 수 있으면 정말로 기쁘겠다'는 마음가짐을 갖는다.

크고 명확한 목표는 삶을 충실하게 만든다. 큰 목표가 작은 목표보다 이루기 어려운 것도 아니다. 무슨 일이 있더라도 도중에 체념하지 않는 자세가 필요할 뿐이다. 우리 뇌는 마음 속에 가장 넓게, 가장 깊게 자리



**푸시업이 건강에 좋은 21가지 이유 ②**
근육과 뼈밀도가 튼튼해진다.

잡은 생각을 향해 자력을 띠게 된다. 이 자력이 우리에게 어울리는 삶의 환경과 힘과 사람들을 끌어온다.

목표를 종이에 쓴 다음, 눈에 띄는 곳곳에 붙여놓자. 늘 목표 달성을 상상하고 있으면 힘들고 괴로울 때도 견딜 수 있다. 이것은 의욕을 갖는 데도 매우 좋은 방법이다. 성취는 머리의 좋고 나쁨과 상관 없이 목표를 얼마만큼 이루고 싶어하는지에 대한 열망과 결심의 깊이에 비례한다.

**21일 푸시업을 통해서 내가 바꾸고 싶은 것은 무엇인가? 3가지만 써 보자**

# 3<sub>일</sub> 천리길도 한 걸음부터

좋은 도구일수록 단순하다. 목표를 이루기 위해 작은 것부터 실천해보자. 마음의 세계에서 좋은 그림을 그렸더라도 그것이 눈에 보이는 실체로 나타나기까지는 시간이 걸린다. 세상에 기적처럼 보이는 일도 우리가 미처 깨닫지 못했을 뿐 자연스런 인과 법칙에 따라 생겨난다. 이 법칙을 알면 한 걸음 한 걸음이 얼마나 소중한지를 알 수 있을 것이다. 푸시업은 반복을 통해서 자신감과 확신을 키워준다.

푸시업에 임하는 나의 태도를 관찰해보자. 성급하게 뭔가를 끝내기 위해서 허둥대거나 적당히 때우려는 맘은 없는지, 아니면 완전한 자세나 동작에 매여 제대로 시작조차 못한 것은 아닌지…… 지금 이 일을 대하는 태도는 당신의 전반적인 생활 태도의 한 단면을 보여준다.

푸시업이 건강에 좋은 21가지 이유 ③
허리 통증이나 오십견, 골다공증을 예방한다.

### 나는 어떤 사람인가, 나는 매사에 어떤 태도로 일을 처리하는가?

예) 나는 신중한 사람이다. 뭔가 명확해질 때까지 일을 미룬다.

### 푸시업을 시작하기 전에 어떤 생각이 드는가?

예) 오늘은 동작을 정확하게 해서 20개만 해야지.

### 푸시업을 하고 나서의 느낌은 어떤가?

예) 땀이 나고 기분이 상쾌해졌다.

가능한 목표에 불가능한 목표를 더하라. 모험이나 결단을 할 때는 눈을 질끈 감고 자신을 던져야 한다. 열광할 대상과 목표가 있는 사람은 행복한 사람이다. 열광의 에너지는 비전에 대한 창조로 나타난다. 위대한 미래 창조는 모험이 없이는 이뤄질 수가 없다. 이를 위해서는 집중력이 필요하다. 뭔가 열매를 맺기 위해서는 독사같이 달려들어야 한다. 결론이 날 때까지 해야 한다. 모든 일을 그렇게 해야 한다.

창조의 초점은 시작과 지속에 있다. 이것저것 재지 않고 바로 시작할 수 있는 힘과 처음 먹은 마음이 흔들리지 않도록 지속하는 힘, 이것이 자기 창조의 바탕이다. 고통스럽더라도 참고 계속하자. 얼마 지나지



푸시업이 건강에 좋은 21가지 이유 ④
성장호르몬 분비가 증가해 키가 잘 자란다.

않아 당신은 눈에 띄게 발전해 있을 것이다. 푸시업을 끝내고 좋아지는 기분을 느껴보자. 기분 좋게 일어나고 정신적으로나 육체적으로 늘 충만한 상태에 있는 자신을 그려보자.

## 오늘은 몇 개까지 했는가?

푸시업을 하면서 자주 떠오르는 생각이 있으면 적어보자. 내가 오래도록 생각하는 것, 그것이 결국 나를 만든다.

# 5<sub>일</sub> 몸에 뜻을 심어라

푸시업을 하면서 변하지 않을 뜻이나 비전을 하나 세워보자. 이 뜻은 오늘 생각났다가 내일 사라져버리는 일시적인 감정 상태를 의미하지는 않는다. 어제, 오늘 그리고 무한한 세월 동안 한결 같이 변하지 않을 절대적인 가치, 그런 영원한 뜻이어야 한다. 푸시업을 통해서 근육도 단련하고 큰 뜻도 품어보자. 그 뜻 하나를 몸에 심고 키우는 훈련을 해보자.

푸시업 개수를 늘려가는 과정에서 습관이 만들어지고 습관이 만들어지면서 거기에 아름다운 성품이 생긴다. 그리고 성품이 완성될 때 영혼이 완성된다. 성품은 육체를 가지고 만들어진다. 육체가 없이는 성품을 만들 수가 없다. 좋은 성품은 그 자체로 신성한 빛을 발하고 스스로에



**푸시업이 건강에 좋은 21가지 이유 ⑤**
기초 대사량이 늘어나 자연스럽게 군살이 빠진다.

게 큰 위안이 된다. 돈과 명예는 언제든지 없어질 수 있지만 내 안의 성품은 그 누구도 훔쳐갈 수가 없다. 좋은 성품을 만드는 것, 이것이 수행자가 해야 할 일이다.

**나는 어떤 뜻을 품고 살고 있는가?**

**나는 어떤 성품을 만들고 있는가?**

# **6**일 나의 뇌는 완전하다

평범한 뇌를 능력 있는 뇌로 계발할 때 가장 중요한 것은 자신의 뇌가 완전하다는 것을 믿고 꿈과 희망과 신념을 심어주는 것이다. 뇌는 상상과 현실을 따로 구분하지 않는다. 스스로 뭔가 부족하다거나 능력이 없다고 자꾸 생각하면 뇌도 능력이 없다고 착각을 한다. 어떠한 마음의 작용도 여과 없이 뇌에 새겨진다. 우리 몸의 각 부위는 뇌와 밀접하게 연결되어 있어서 뇌에서 생각난 것은 무엇이든 신체 각 부위에 전달되고 어떤 형태로든 세포에 기억된다. 그러므로 우리가 자주 하는 생각, 말, 행동에 대해서 주의를 기울일 필요가 있다. 능력 있는 뇌를 만드는 것은 순전히 뇌를 사용하는 우리 자신의 운영 능력에 달려있다.



푸시업이 건강에 좋은 21가지 이유 ❻
근력과 근지구력이 강화되어 피로가 줄어든다.

## 자기 긍정을 위한 뇌와의 대화법

긍정의 글을 선택해서 종이 위에 열 번에서 스무 번까지 계속해서 그 문장을 써내려간다. 이름을 집어넣고 일인칭과 이인칭, 삼인칭으로 문장을 다양하게 바꾸어서 써본다. 문장이 완성되면 한 문장 한 문장 가슴에 새기면서 읽어본다. 쓰고 말하는 순간 우리의 뇌는 에너지를 이중으로 받게 된다.

예) 나, ○○○는(은) 존경 받는 지도자이고 경영자이다.

○○○, 넌 아주 존경 받는 지도자이고 경영자야.

○○○는(은) 아주 존경 받는 지도자이자 경영자이다.


## 마이너스 정보를 플러스 정보로 바꾸기

위의 대화를 하면서 마음 속에 거부감이나 부정적인 생각이 들지는 않는가? 그런 기미가 느껴지면 '왜 그런지?' 떠오르는 이유를 생각나는 대로 적어 본다. 그리고 그 밑에 두려움이나 부정적인 생각을 지우는 데 도움이 되는 글로 정보를 교체해 준다.

예) 나는 얼굴이 못생겨서 성공한 가수가 되긴 힘들거야.

-〉 나는 성량이 풍부하고 개성이 있어서 성공할 수 있는 자질이 충분해.

# 7일 감정의 채널을 어디다 맞출까?

당신은 어떤 때 즐겁고 어떤 때 슬픈가?

어떤 때 행복하고 어떤 때 불행한가?

어떤 때 미워지고 어떤 때 좋아지는가?

어떤 때 화를 내고 어떤 때 웃는가?

우리는 무한대의 감정 채널을 가지고 있으며 또 그만큼 다양한 반응 패턴을 가지고 있다. 하지만 우리가 감정의 작동법을 익히면 모든 감정을 원하는 대로 끌어다 사용할 수 있다. 뇌는 우리의 연출에 따라 사실 여부와 상관 없이 현재 상황에 충실하게 반응한다. 뭔가 기분이 좋지 않아서 일부러 노래를 부르고 몸을 신나게 흔들어 대면 뇌에는 '즐겁다'는 신



**푸시업이 건강에 좋은 21가지 이유 ⑦**
혈당 수치가 떨어지면서 당뇨병이 개선된다.

호가 전달되어 건강한 생리반응이 일어나는 것이다.  정신이 멍하고 아
무 생각이 안 날 때는 몸을 이리저리 움직여보자. 온몸에 혈액순환이 원
활해지면서 찌릿찌릿 전류가 통하고 아이디어가 졸졸 흐르기 시작한다.

**내 안에 있는 열정을 불러일으킬만한 행동에는 어떤 것이 있을까?**

# 푸시업 기본편

1. 10~15분 정도 간단한 스트레칭으로 몸을 풀어준다.

2. 평평한 바닥에 자리를 잡고 푸시업 자세로 엎드린다.

3. 얼굴은 바닥에 향하게 하고 고개는 약간 들어준다.

4. 발은 11자로 적당히 벌려주고, 다리는 곧게 펴준다. 무릎은 굽히지 않도록 한다.
   발가락으로 바닥을 지지하고 뒤꿈치는 바닥과 90도 각도로 세워준다.

5. 팔은 어깨보다 약간 더 넓게 바깥으로 벌려준다. 손가락은 가지런히 모으고 손
   은 위로 향하게 한다. 손의 위치는 어깨선에 맞춘다.

6. 숨을 살짝 멈춘 상태에서 팔꿈치를 굽혀 상체를 내려준다. 배와 가슴이 바닥에
   닿지 않도록 하면서 최대한도로 내려간다. 이 때 가슴이나 배만 내려가지 않도
   록 곧은 자세를 유지해야 한다.

7. 팔과 어깨의 힘을 주로 사용하긴 하지만 몸 전체로 힘을 균일하게 사용한다는 느
   낌이 들도록 한다.

8. 탄력을 이용하지 않고 팔의 힘으로 몸을
   위로 밀어올린다.

9. 자세를 흩트리지 않고 10 ~ 20개 단위로
   푸시업을 한다. 자신이 할 수 있는 최대
   한까지 개수를 늘려간다.

10. 간단한 스트레칭으로 마무리한다.

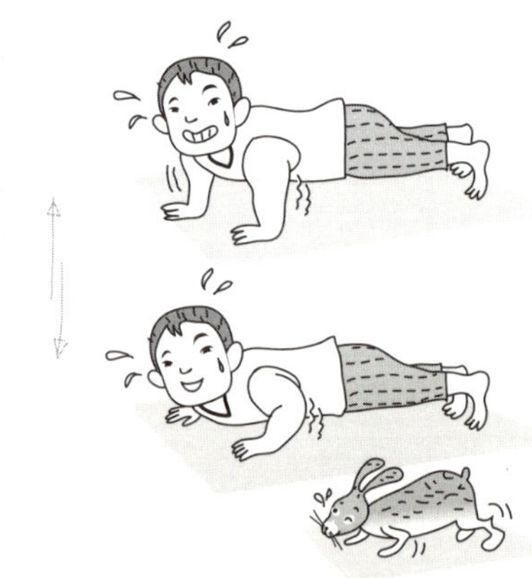

# 푸시업 Q & A



**❯ 푸시업에 들어가기 전에?**

10분에서 15분 동안 간단한 준비운동으로 몸 전체를 풀어 주어야 한다. 특히 체중을 실어야 하는 어깨와 팔목, 발목 등은 충분히 풀어 주어야 한다. 손목을 꼼꼼하게 돌려주고, 어깨를 늘려주고 당겨준다. 푸시업이 끝난 뒤에도 똑같이 해준다.

**❯ 올바른 자세는?**

손가락을 가지런히 모으고 손끝이 위로 향하게 한다. 이 때 손은 정확하게 어깨선과 일치해야 한다. 고개는 살짝 들어주어야 한다. 양 발은 십일 자가 되게 해서 적당히 벌려주고, 다리는 곧게 펴 준다. 허리를 펴고 몸을 바르게 세워 일직선을 만든다. 복근에 힘을 주면 효과적이다. 팔꿈치를 완전히 펴지 않는 것이 좋고, 허리가 흔들리거나 하체가 바닥에 닿지 않도록 한다. 또 팔을 펴서 몸을 일으킬 때 과도하게 빨리 움직이거나 몸의 반동을 이용하는 것은 바람직하지 않다. 최대한 가슴 근육을 쥐어짠다는 느낌으로 전력한다.

**❯ 팔은 어느 정도 벌려야 하나?**

팔을 벌리는 정도에 따라 자극되는 근육 부위가 조금씩 달라지기 때문에 다양한 상체운동이 가능하다. 따라서 여러 가지 방법을 응용할 수 있다. 팔을 넓게 벌리고 하면 가슴 부의의 대흉근과 등판 근육이 단련되고 좁게 벌리고 하면 삼두근과 이두근, 즉 팔 전체의 근육이 단련된다. 또 팔의 힘이 약한 사람이라면 탁자나 의자를 이용해 보자. 바닥 대신 탁자나 의자에 팔을 올리고 푸시업을 하면 체중의 대부분을 다리가 지탱하기 때문에 좀 더 수월하게 푸시업의 세계로 들어갈 수 있다.

**둘째 주**(8일~14일)

뇌는 늘 새로운 것을 원한다. 똑 같은 일도 뇌가 처리하는 방식에 따라 성과가 달라진다.  지난 일
주일간 푸시업을 기계적으로 반복했다면 오늘은 좀 더 신선한 자극을 줄 수 있는 방법을 찾아보자.

# 즐겁게! 멋있게!
## 꾸준히! >

# **8**일 어떻게 하면 더 잘 할 수 있을까?

뇌는 늘 새로운 것을 원한다. 똑같은 일도 뇌가 처리하는 방식에 따라 성과가 달라진다. 지난 일주일간 푸시업을 기계적으로 반복했다면 오늘은 좀 더 신선한 자극을 줄 수 있는 방법을 찾아보자. '어떻게 하면 좀 더 재미있게 할 수 있을까? 어떻게 하면 좀 더 많이 할 수 있을까? 어떻게 하면 좀 더 멋있게 할 수 있을까?' 등등 뇌에게 호기심 어린 질문을 던져보자. 그리고 가만히 뇌의 대답을 기다려보자. 당신의 뇌는 늘 창의적인 답변을 들려줄 것이다. 의문점이 생길 때마다 뇌에게 묻고 뇌의 대답을 들어보자. 우리 뇌는 우주 데이터베이스와 연결되어 모든 질문에 대답할 만반의 준비를 갖추고 있다.



푸시업이 건강에 좋은 21가지 이유 ⑧
심장병, 고혈압, 뇌졸중, 중풍, 동맥경화를 예방한다.

평소와 다른 방법으로 혹은 다른 장소에서 푸시업을 해보고 그 느낌을 적어보자

내가 개발한 푸시업 노하우가 있다면 적어보자

# 9일 중심이 바로 서야 삶이 편안하다

적극적이고 자신감 있게 행동하는 사람은 자세가 반듯하다. 반대로 소극적인 사람, 열등감이 강한 사람은 자세가 구부정하다. 생리학적으로 보면 자세가 휘면 내장을 압박하기 때문에 혈액 순환이 나빠진다. 기지개를 켜서 척추를 쭉 펴주기만 해도 기분이 산뜻해진다.

지금부터 허리를 바로 세워보자. 허리는 위로는 하늘을, 아래로는 땅을 받치고 있다. 이렇게 척추가 정확히 중심을 잡으면 허리도 편안하고 다리도 편안하다. 척추가 왼쪽 어깨에 의지한다든지, 오른쪽 어깨에 의지한다든지, 앞으로 간다든지 하면 몸 전체가 불편하다.

그래서 자세는 아주 중요하다. 이것은 몸 뿐만 아니라 우리의 마음에도 그대로 적용된다. 내 마음이 어느 한 쪽으로 치우쳐 있지 않은지 살

펴보고 주변을 불편하게 하는 일은 없는지 되돌아보자.

## 건강을 위한 뇌와의 대화법

내 몸과 마음은 완벽하게 건강하다.

나는 내 몸과 마음의 주인이다.

내 근육은 강하고 유연하다.

나는 돌도 소화할 만큼 튼튼한 위장을 가지고 있다.

나는 어떤 상황에서도 내 감정을 조절할 수 있다.

나는 날씬하며 보기 좋은 체형을 유지하고 있다.

나는 명석한 두뇌와 튼튼한 심장을 가지고 있다

위의 문장을 자신의 언어로 새롭게 고쳐서 자주 암송해보자. 우리 뇌는 단순해서 말하는 대로 믿고 실행한다. 따라서 뇌에게 말을 걸 때는 확신에 찬 단정적인 말투가 좋다. 이 연습은 당신의 몸과 마음의 건강은 물론 나아가 삶을 통제하고 제어하는 데 큰 보탬이 될 것이다.

# 10일 | 하루쯤 쉬고 싶을 때

"시작은 했지만 계속 해나갈 수는 없겠어.""이것을 계속해야 할까?"
"컨디션이 좋지 않아.""오늘은 시간이 없어." 등등 끊임 없이 재잘대는
감정의 소리를 어떻게 극복할 수 있을까?

푸시업은 우리의 의지를 실험하는 도구이다. 우리는 "～탓에 ～할 수
없다"는 표현을 상습적으로 쓰고 있다. 하지만 이 말은 어디까지가 '진
실'이고 어디까지가 '변명'일까? "～탓에" 뒤에는 일의 뒷전에서 물러
나 쉬고 싶은 생각이 무력감, 체념과 함께 숨어있다. 나를 '내 인생의
창조자'에서 누군가의 통제를 받는 '희생자 혹은 피해자'로 전락시킴
으로써 진실을 은폐하는 것이다. 똑같은 문제 상황에서도 활기차게 사
는 사람, 인생을 멋있게 창조하는 사람이 있다.



■ 푸시업이 건강에 좋은 21가지 이유 ⑩
단전이 튼튼해지고 위장이 좋아진다.

그렇다면 나는 어떤 사람인가? 오늘은 내 감정의 목소리에 귀 기울여보자. 나는 무엇 때문에 쉽게 마음이 약해지는지, 무엇 때문에 불행하다고 느끼는지, 내 힘으로 변화시킬 수 없는 게 무엇인지, 그 일이 진짜 가능성이 희박한 것인지를 차분한 마음으로 성찰해보자.

**내가 습관적을 쓰는 " ~때문에 ~ 할 수 없다"를 3가지 정도 간추려보자. 그리고 아래에는 " ~만 없다면 ~할 수 있다"로 문장을 바꿔보자**

예) 나는 ○ ○ ○ 때문에 창의적으로 일할 수가 없다.

나는 ○ ○ ○ 만 없다면 창의적으로 일할 수가 있다.

1.


2.


3.


작성한 내용을 소리 내서 읽어보고 어떤 느낌이 드는지 느껴보자.
그리고 "~ 때문에 ~ 할 수 없다" 가 진실인지 혹은 변명인지 구분해보자.
이렇게 한번 정리를 해두면 다음에 똑같은 생각이 찾아올 때 무력하게 대처하는 것이 아니라 신중하게 대응할 수 있다.

# 11일 반복, 반복, 또 반복하라

발레리나들이 언제나 주문처럼 중얼거리는 말이 있다. "하루 연습을 거르면 내 몸이 알고, 이틀 연습을 거르면 주변의 동료들이 알고, 사흘 연습을 거르면 관객들이 안다."

푸시업으로 근육을 단련하는 것도 이와 같다. 의지를 낸다고 하루 아침에 한 개를 하던 사람이 100개를 할 수 있는 것은 아니다. 매일 꾸준히 훈련해야 한다. 한 방울씩 떨어지는 낙숫물이 바위를 뚫듯이 한 걸음 한 걸음의 반복이 숙달과 진보를 가져온다. 일단 좋은 것이라고 생각되면 어떤 일이든지 3주간은 실행해 볼 일이다. 해마다 반복되는 사계절의 리듬도 나뭇가지를 간지럽게 하는 바람의 장난도 몇 백년, 몇 천년, 몇 만년 계속 되풀이되고 있는 것이다. 반복은 대자연의 리듬이



푸시업이 건강에 좋은 21가지 이유 ⑪
초조, 우울, 불안증이 개선되고 기분이 좋아진다.

며 진보해 가는데 필요한 리듬이다.

한 번 두 번 반복함으로써 그 에너지가 축적되어 강한 힘이 되고, 어느 정도에 이르게 되면 거대한 에너지가 한꺼번에 한 점을 향해서 폭발한다. 반복을 하는 동안에 장해물이나 저항은 서서히 제거된다. 그러므로 일단 목표를 향해 움직이기 시작하면 그것을 이룰 때까지 반복해야 하는 것이다. 무슨 일이 있어도 도중에 그만두어서는 안 된다.

**내가 도중에 그만둔 일을 생각나는 대로 써보자**

**그 중에서 다시 시도해보고 싶은 일을 없는가?**

# 12일 존경하고 신뢰하는 사람의 뇌를 빌려 쓰자

비전을 이룬다는 것은 꿈을 이룬다는 것이다. 이것은 집중력 없이는 이루어지지 않는다. 우리는 자신의 상태를 보고 판단하는 능력을 계속 훈련하고 업그레이드시켜야 한다. 이것은 지식보다는 지속적인 훈련이 필요하다. 그렇다면 우리의 생각과 행동을 더욱 빨리 업그레이드시킬 수 있는 방법은 없을까? 그러기 위해 내가 가장 존경하고 신뢰하는 사람의 뇌를 빌려 쓰는 방법을 생각해 볼 수 있다.

먼저 자신이 가장 존경하거나 신뢰하는 사람을 떠올려본다.

그리고 이렇게 자문해본다.

"○○○는(은) 이것을 어떤 식으로 처리할까?" 잠시 뒤 그 답변에 따른다.



푸시업이 건강에 좋은 21가지 이유 ⑫
편두통과 불면증이 사라져 업무능률이 향상된다.

두려울 때 : ○○○(이)라면 이런 일로 두려워할까?

화가 날 때 : ○○○(이)라면 내가 지금 화가 난 일에 대해 화를 낼까?

상담할 때 :  ○○○(이)라면 이럴 때 어떤 말을 했을까?

걱정될 때 : ○○○(이)라면 이 일에 대해 걱정할까?

# 13일 │ 내가 습관을 만들고 습관이 나를 만든다

인간은 습관의 동물이다. 우리는 매일 습관대로 생각하고, 행동한다. 같은 시간에 집을 나서고 같은 길로만 다닌다. 늘 익숙한 사람과 만나고 습관적으로 먹고 마신다. 창의적인 생각이라고 하지만 늘 같은 사고 방식에서 벗어나지 못하고 아이디어는 제자리를 맴돈다. 습관은 우리가 오랫동안 지나다닌 정신의 길이기도 하다. 이 길은 다닐 때마다 조금씩 깊어지고 넓어진다.

처음에는 내가 습관을 만들지만 나중에는 그 습관이 나를 만든다는 말이 있다. 오래된 나쁜 습관을 제거하는 좋은 방법은 좋은 습관을 만드는 것이다. 푸시업처럼 새로운 습관을 만든다는 것은 매일 매일 깨끗



**푸시업이 건강에 좋은 21가지 이유 ⑬**
자신감이 생기고 사고와 판단이 명료해진다.

한 한 잔의 물로 지금까지의 나쁜 습관이라는 더러운 물을 조금씩 정화
시켜 나가는 것이다. 푸시업으로 쓸모 없는 생각들을 모두 씻어버림으
로써 에너지의 흐름을 원활하게 하고 마음의 집도 좀 더 정갈하고 깨끗
하게 정리할 수 있다.


**도움이 되지 않는 나의 오래된 습관은 무엇인가? 생각나는 대로 적어보자**
예) 일을 미루는 습관.


**위의 낡은 습관은 버리고 진취적이고 새로운 습관으로 교체해보자**
예) 일일 계획 세우고 점검하기.

# 14<sub>일</sub> 자신감은 만드는 것이고 창조하는 것이다

이 세상에서 확실한 것은 아무것도 없다. 가장 소중하고 값진 길은 스스로 선택해서 새로운 가치를 만들어내는 것이다. 경험했던 것을 자신 있게 하는 것은 이미 자신감이 아니다. 해보지 않은 것, 배우지 않은 것을 할 때 자신감을 이야기 할 수 있다. 자신감이라는 것은 하다 보면 생기는 것이지 자신감이 있어서 하는 것은 아니다. 처음부터 잘 하는 사람은 없다. 무엇이든 계속 꾸준히 할 때 좋아진다.

푸시업도 100% 의지를 갖고 자신감을 만들기 위해서 하는 것이다. 푸시업을 정신력만으로 하는 것은 아니다. 근육의 힘이 필요하다. 하지만 숫자를 늘리려면 정신력도 필요하다. 근육이 더 이상 못한다고 이야



푸시업이 건강에 좋은 21가지 이유 ⑭
구부정한 등과 어깨가 균형이 잡히고
반듯해진다.

기 하더라도 열 개는 더 할 수 있다. 이 때 근육은 열 개를 더 할 수 있는 한계를 남겨 놓고 못한다고 하는 것이다.

정말 최선을 다한다는 것, 집중한다는 것은 젖은 수건에서 물을 짜는 것이 아니라 마른 수건을 한 번 더 짜서 물방울을 하나 만들어내는 것이다. 진실로 최선을 다할 때 영혼이 자기 자신에게 감동할 수 있다. 그 때 자신감이 생기고 뇌가 깨어난다.


**내가 나에게 감동한 순간은 언제 였는가?**
아주 사소한 것이어도 좋다. 스스로에게 감동한 나의 칭찬 리스트를 기록해보자.

# 푸시업 응용편

### 벽이나 책상에서 하는 푸시업

책상이나 벽에 대고 하는 푸시업은 근력이 약한 사람들에게
권할 만 하다. 이 방법으로 상체의 근력을 늘려 좀 더 난위도
높은 푸시업으로 발전시켜 보자.

손을 벽에 대고 할 때 역시 팔의 높이는 어깨선에 맞춘다. 책
상이나 탁자를 이용할 때는 엉덩이가 뒤로 빠지지 않도록 한
다. 허리에 무리가 갈 수 있기 때문이다. 발 뒤꿈치가 바닥에
서 떨어지지 않도록 한다. 몸은 일직선이 되도록 하고 몸을
밀었다 당겼다 할 때는 반드시 팔과 어깨의 힘을 이용한다.

### 무릎을 굽히고 하는 푸시업

이 동작 역시 체중을 하체에 나눠 싣기 때문에
비교적 수월한 동작이다. 팔을 어깨 너비보다
넓게 벌리고 얼굴을 아래로 향해 엎드린 후 무
릎을 굽혀준다. 무릎에 수건을 말아 대거나 베
게를 두어 무리가 가지 않도록 한다. 발목은 편
안하게 펴주거나 서로 엇갈려 겹쳐준다. 이 때
발을 위로 들어줘도 좋다. 무릎부터 목까지 일
직선이 되도록 엉덩이에 힘을 주고 등을 바로
편 후 푸시업을 한다. 이 동작은 기본적인 푸시
업 후에 정리 운동으로 해도 좋다.

# 푸시업 Q & A



**▶ 동작을 할 때 주의해야 할 것은?**

푸시업을 할 때 가슴과 어깨 팔뚝에 힘이 들어가는 것을 느껴야 제대로 하고 있는 것이다. 동작을 할 때는 몸 전체가 올라갔다 내려갔다 해야 한다. 상체나 하체만 따로 움직이는 것은 옳지 않은 자세이며, 척추에 무리를 줄 수도 있다.

근력이 약한 경우 무릎을 바닥에 댄 자세에서 팔을 굽혀 가슴이 바닥에 닿을 정도로 동작을 정확하게 하는 것이 우선되어야 한다. 이 자세는 상체를 발달시키고자 하는 여성이나 초보자에게 적합하다. 기본 푸시업이 가능하더라도 마무리는 무릎을 바닥에 대고 몇 회 더 반복하는 것으로 정리한다.

**▶ 호흡은 어떻게?**

자연스럽게 한다. 근육 강화 운동에서 호흡은 매우 중요하다. 힘을 뺄 때는 천천히 부드럽게 들이셔 주고, 힘을 쓸 때는 호흡을 들이킨 상태로 살짝 멈춰주는 것이 요령이다. 자칫 잘못된 호흡으로 과도하게 근육 운동을 한다면 흉부 내부의 압력을 가해 늑막염에 걸릴 수 있다.

**▶ 개수를 늘려가는 방법은?**

근육을 단련하고자 한다면 매일 한 개씩 늘리는 것보다 일주일을 기점으로 5개씩 늘리는 계단식 증량이 효과적이다. 근력이 형성되려면 근육을 쓰고 나서 회복하는 시간이 필요하므로 푸시업과 함께 하체 운동을 병행하는 것이 효과적이다. 하체 단련 운동으로는 계단 오르기, 기마 자세로 앉았다 일어나기를 추천한다.

**셋째 주**(15일 ~ 21일)

무한한 가능성을 계발하기 위해서는 매력적인 큰 목표, 어려운 것, 싫은 것, 새로운 것에 적극적으로 도전하는 정신이 필요하다.  성공의 비결은 몸과 마음 상태에 지배당하지 않고 목표에 전일집중하는 것이다.

가능성을 나누고
**확장**해보자

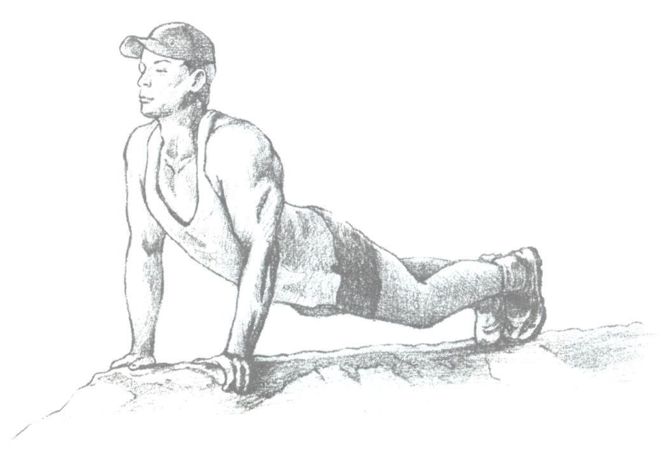

# 15일 행동은 감정을 지배한다

무한한 가능성을 계발하기 위해서는 매력적인 큰 목표, 어려운 것, 싫은 것, 새로운 것에 적극적으로 도전하는 정신이 필요하다. 간단히 할 수 있는 것이라든지, 마지못해 하는 태도로는 아무리 시간이 지나더라도 능력이 계발되지 않는다. 성공의 비결은 몸과 마음 상태에 지배당하지 않고 목표에 전일집중 하는 것이다. 전력을 다한 행동은 잠재 능력을 계발하고 계발된 능력은 자신의 가능성과 장래를 환하게 비춰준다.

우리는 모두 80여 개의 얼굴 근육을 가지고 있다. 그런데 이 근육들이 우울함, 지루함, 좌절감과 같은 부정적인 패턴으로 굳어있다면 어떻게 되겠는가? 신체를 허약하게 놔두거나 어깨를 축 늘어뜨리고 아주 피



푸시업이 건강에 좋은 21가지 이유 ⑮
피부호흡을 하면서 살결이 탄력 있고 부드러워진다.

곤한 것처럼 다리를 질질 끌고 다니면 우리는 당장 피로를 느낄 것이다. 이처럼 몸은 감정을 지배한다. 결국 우리는 몸의 에너지를 바꿈으로써 모든 감정을 바꿀 수 있다. 단지 큰 소리로 "하하하" 웃기만 해도 순간적으로 어떤 감정, 즉 유쾌함이나 상쾌함을 느낄 수 있다. 살다가 무슨 일이 생기더라도 계속 즐거운 상태를 유지하려면 꼭 이 말을 기억하자. "행동은 감정을 바꿀 수 있다!"

### 나의 뇌에 다음과 같은 메시지를 들려주자

나는 무엇이든 할 수 있다.

절망이나 실패 같은 부정적인 생각을 하지 않겠다.

나는 자주 미소를 짓고 부지런히 움직인다.

나는 자신감 있는 목소리로 이야기한다.

# 에너지는 시공간을 초월해서 영향을 미친다

성공 이미지와 자기 암시를 반복하면 마이너스의 생각을 플러스의 생각으로 바꾸어 놓을 수 있다. 생각이 바뀌면 태도가 바뀌고 운명도 바뀐다. 고통스러운 일을 당하고도 "아니, 이건 전혀 문제될 일이 아냐. 별 것 아냐. 훨씬 더 좋아질 거야"라고 말한다면 이 사람은 고통의 그림자를 더 빨리 벗어날 수 있다. 우리 마음 속의 모든 생각은 진실의 씨앗을 품고 있다. 그리고 진실은 드러나려는 경향을 가지고 있다.

미래에 대해 이미지를 갖는 것, 그것은 과학적으로는 앞으로 올 미래를 미리 뇌와 몸에 신고함으로써 새로운 시냅스를 만들고 그 실현을 앞당긴다는 원리를 담고 있다. 미래를 그려본다는 것은 미래에 자기의 존



푸시업이 건강에 좋은 21가지 이유 ⑯
임독맥이 뚫리고 대맥이 돌고 소주천이
된다.

재를 미리 보내는 것이다. 요컨대 현재의 존재와 미래의 존재 사이에 에너지의 흐름을 연결하고 창조하는 행위이다. 미래를 그릴 때는 '~하고 싶다' 혹은 '~이면 좋을 텐데' 라는 미래형이 아니라 '~이다. ~하고 있다' 라는 현재형으로 이미 실현된 상태를 상상해야 한다. 앞서 말했지만 이미지는 미래로 자신의 존재를 미리 보내는 것인데 '~하고 싶다' 라고 생각한다면 당신의 존재는 지금 여기에 놓여있기 때문이다.

**행복한 미래를 만들기 위해 뇌에게 해 줄 말을 찾아보자**

예) 나는 날마다 모든 면에서 점점 좋아지고 있다.

# 17<sub>일</sub> 지감 수련으로 영혼의 길을 따라가자

모든 생각을 차단하고 오직 몸의 감각에 집중해보자. 영혼이 원하는 대로 손을 움직이자. 근육의 힘과 생각이 아닌, 에너지에 따라 우리가 원하는 대로 움직이는 어떤 운영 시스템이 있다. 양 손을 이용해 지감 수련을 해본다. 푸시업으로 근육을 단련하고 나서 지감 수련과 단무 수련으로 마무리하자. 단무 수련을 통해서 우리는 영혼의 무한한 자유로움을 느낄 수 있다.

**지감止感 수련 방법**  ① 편안하게 앉은 자세에서 양 손을 가슴 높이로 올리고 손바닥이 서로 마주 보도록 한다. 손바닥이 서로 닿지 않도록 양손 사이를 살짝 벌리고 넓혔다 좁혔다 하면서 지감 수련을 한다. ② 이제

호흡과 함께 손을 움직여보자. 숨을 들이마시면서 손을 벌리고, 숨을 내쉬면서 손을 모은다. 어느 순간 저절로 호흡과 함께 손이 움직이게 된다.

**단무丹舞 수련 방법** ① 단무는 우리 몸의 고유한 기운을 타고 춤을 추는 것이다. 지감 수련을 통해 느낀 기적 감각이 증폭되면서 가장 예민한 손에서부터 단무가 시작된다. ② 우주 공간을 유영하는 한 마리 새처럼 손이 자유자재로 움직인다. 기운에 몸을 내맡기면 춤을 배우지 않은 사람도 자연스럽고 다양한 동작들을 취하게 된다.

# 18<sub>일</sub> 웃을수록 웃을 일이 생긴다

가슴이 살고 자신감이 넘치고 웃음이 떠나지 않으면 모든 일이 잘 될 수밖에 없다. 늘 긍정적으로 사고하고 얼굴은 밝게, 무조건 밝게 해보자. 말은 진실하고 정직하게 하고 행동은 자신감과 신념이 넘치게 하자.

만일 인생을 기쁘게 살고 싶다면 앞으로 일주일 동안 하루 한 번씩 입이 찢어지도록 크게 웃으며 거울을 보라. 이 행동이 아주 바보처럼 느껴질지도 모르지만 이런 신체 행동이 뇌의 한 부분을 크게 자극해서 습관적으로 기쁨을 느낄 수 있는 신경 회로를 만들어준다는 연구 결과가 있다. 날씨가 좋은 날은 밖에 나가서 풀쩍풀쩍 뛰어보는 것도 좋다. 이렇게 뛰는 것은 감정 상태를 바꾸는 데 아주 효과적인 방법이다. 뛰면



푸시업이 건강에 좋은 21가지 이유 ⑱
노인성 질환을 예방하며 노화 속도를 감소시킨다.

서 얼굴에 심각한 표정을 짓는 사람은 없다. 몸 안에 정체된 에너지가 풀리면서 주변의 에너지장까지 활기차게 변화시킨다.

### 웃음의 의학적 효용

1. 폐, 간장, 심장, 위, 장 등의 활동이 활발해진다.

2. 몸의 면역력을 높인다. 혈액 순환이 잘 된다.

3. 진통 작용을 하는 엔돌핀이 나온다.

**미국 케이츠 박사의 깜짝 실험**

사람이 내쉬는 공기를 유리관에 채취하여 액체공기로 식혀서 침전물을 만들고 색깔을 비교해보았다. 화를 내고 있는 사람의 침전물은 밤색, 괴로워하고 있는 사람의 것은 회색, 후회하고 있는 사람은 엷은 적색, 마음이 안정되어 있는 사람은 무색이다. 화를 내고 있는 사람의 밤색 침전물을 쥐에게 주사하자 쥐는 수 분 후에 죽어버렸다. 그렇다면 분노와 걱정을 끌어안고 있는 것은 혼자서 독을 만들어 자기 몸에 그 독을 뿌리고 있는 것과 같다.

# 내 뇌는 내가 아니라 내 것이다

우리가 관여하지 않은 상태에서, 허락도 없이 너무나 많은 정보가 우리 뇌로 들어와 버린다. 그리고 그 정보가 들어와 자리를 딱 잡고 주인 노릇을 한다. 우리는 이것을 자각하고 나를 움직이고 있는 정보가 어떤 정보인지 깊은 눈으로 들여다봐야 한다. 그 정보가 진짜 내가 원한 것인지, 이 정보는 어디서부터 들어왔는지, 내 허락을 받고 들어왔는지, 어떤지에 대해 다시 한번 검열해 볼 필요가 있다. 정보는 내가 아니라 내 것이다. 장애도 내가 아니라 내 것이다. 그것을 내가 선택할 수가 있고, 내가 버릴 수도 있고, 내가 유지할 수도 있다.

가아假我와 진아眞我가 합쳐진 것을 분리해야 한다. 분리할 때 조절



푸시업이 건강에 좋은 21가지 이유 ⑲
굳은 근육과 관절이 풀리면서 유연성이 높아진다.

할 수가 있고 정확히 볼 수 있다. 많은 정보가 눈과 귀와 감각을 통해서 들어오고 많은 정보가 다시 우리 몸을 통해서 나간다. 필요 없는 정보는 눈과 귀와 입을 통해서 보낼 수가 있다.

# 영혼도 자란다,
# 영혼의 힘을 키워라!

자신이 사랑하는 일에 믿음을 가지고 계속 밀고 나갈 때, 비로소 그 일은 자신이 가야 할 길로 이끌어준다. 우주 만물은 철저한 거래의 법칙을 따르고 있으므로 우리가 무엇인가 마음을 다해 간절히 원하면 온 천지가 그것을 이루어주려고 법석거린다. 문제는 '어떻게 하면 온 마음을 가질 수 있느냐' 이다.

푸시업은 온 마음을 갖기 위해 내 몸에 정성을 들이는 것이다. 정성은 원래 높고 맑고 넓은 곳을 향해, 신성한 곳을 향해 그리고 중심과 뿌리를 향해 들이는 것이다. 그렇기 때문에 정성이란 지금 자기가 서 있는 자리보다 더 밝아지고 더 높아지고 더 성장하기 위한 마음가짐이다. 늘



**푸시업이 건강에 좋은 21가지 이유 ⑳**
마음에 여유가 생기고 대인 관계가 원활해지며 스트레스가 해소된다.

정성 어린 마음으로 살아가는 사람의 가슴 속에는 희망이 사라지는 법이 없지만 정성을 잃어버린 사람은 늘 어둡기 마련이다.  정성이 사라졌을 때 우리는 나태해지고 불평 불만에 빠진다.  정성은 좋은 습관이다.

정성은 배워서 되는 것이 아니고 지식으로 되는 것도 아니다.  머리로는 정성스러워야 한다는 사실을 모르는 사람이 없다.  다만 몸에 배인 습관으로 정성을 실천하고 사느냐, 아니냐가 다를 뿐이다.

# 21<sub>일</sub> 나눌수록 커지는 에너지의 법칙

좋은 경험을 공유할수록 에너지가 커진다. 창조적 에너지의 근본 성질은 '주었을 때 비로소 에너지가 있다는 것을 알 수 있다' 는 것이다. 에너지는 줄 때 생긴다. 그리고 에너지는 사용하기 위해서 존재한다. 내게는 누군가에게 줄 에너지가 없다는 병약한 입장에서 벗어나 아무 조건 없이 그냥 먼저 줘보자. 그렇게 하면 자기 안에는 이제껏 한 번도 사용한 적이 없는 에너지가 어느 만큼 있는지를 볼 수 있게 된다. 먼저 주는 것, 아낌없이 주는 것, 그것이 창조적인 에너지를 만드는 철칙이다.

푸시업 성공 체험담을 나누는 것도 에너지를 흐르게 하는 방법이다. 당장 이렇게 말해보자. "푸시업을 하고 났더니 이렇게 행복할 수가 없



푸시업이 건강에 좋은 21가지 이유 ㉑
집중력, 지구력이 길러져서 포용력이
높아진다.

다. 활기차졌고 더욱 좋은 것은 그야말로 건강한 몸에 건전한 정신이 깃들게 됐다는 것이다. 어떤 일에 대해서 어렵게 생각하지 않게 되었고 단순하게 빨리 결론을 내리게 되었다. 5년 전보다 훨씬 더 젊어지고 피부도 훨씬 탄탄해졌다.”

**나의 21일 푸시업 후기를 적어보자. 그리고 주변 사람들과 그 경험을 나눠보자**

# 푸시업 여성편

### 팔을 몸에 붙이고 하는 푸시업

기본적인 푸시업보다 어려운 동작이기는 하지만 여성의 가슴을 효과적으로 단련시켜 주면서 어깨 근육이 커지는 것을 방지할 수 있다. 또 뒤쪽 팔뚝 선을 보기 좋게 만드는 데 도움이 된다.

푸시업 자세를 잡고 양 팔을 옆구리에 밀착시킨다. 손은 가슴 선에 맞춰추고, 11자가 되도록 한다. 팔꿈치를 굽힐 때 팔이 몸에 붙어있도록 자세를 유지한다. 동작이 힘들다면 무릎을 굽히고 해보는 것도 방법이다.

### 여성들을 위한 푸시업 정리 운동

정리 운동으로 주먹 지르며 다리 뻗기를 50회 정도 해준다. (그림 참조)

다시 팔 운동으로 한 번 더 정리를 해주자. 양 팔을 벌려 양쪽 어깨를 교대로 비틀어주거나 팔을 머리 위로 들어올려 뒤쪽으로 굽혀 반대편 날개뼈에 손을 닿게 해주는 운동은 팔과 어깨의 긴장된 근육을 풀어준다.

# 푸시업 Q & A

### ▶ 여성의 경우 어깨가 넓어지지 않을까?

여성은 호르몬의 영향으로 웬만해서는 어깨가 벌어지지 않는다. 푸시업은 지방을 연소시켜 근육의 밀도를 높여 근육을 탄탄하게 하고 보기 좋은 근육 선을 만들어 준다. 그리고 골밀도를 높여 골다공증을 예방해준다. 푸시업을 한 다음에 팔과 어깨를 충분히 풀어 줄 수 있는 정리 운동도 잊지 말자. 머리 위로 팔을 올려 박수 치고 등 뒤로 팔을 내려 박수 치는 운동은 어깨와 팔의 긴장된 근육을 경쾌하게 풀어주는 좋은 운동이다. 단 근육을 키우고 싶은 경우라면, 두부나 콩 등의 단백질 위주의 식단으로 음식을 섭취하고, 근육 세포의 성장 주기를 이용해 보자. 즉, 하루는 최대한으로 운동을 해주고, 이틀 정도는 여유 있게 운동을 해주면 도움이 된다. 근육 세포의 성장은 쉴 동안에 이루어지기 때문이다.

### ▶ 목표 개수는 어떻게 잡아야 할까?

처음부터 무리해서 목표를 잡는 것은 안 된다. 과도한 계획은 육체적인 것은 물론이고 심리적으로 부담이 되고, 그로 말미암아 중도에 포기할 가능성만 높이는 것이다. 개개인의 경우에 따라 다르므로 속도와 개수는 자신이 정하는 것이 좋다. 괜한 경쟁 의식이나 기록에 연연하지 않도록 스스로를 조절하는 것도 중요하다.

단계적으로 자신의 목표량을 상향조정한다고 생각하고 차근차근 개수를 늘려야 한다. 개개인마다 다르지만 건강한 남성이라면 1분에 35~50개 이상을 1차 목표로 잡는 것이 좋고, 여성의 경우라면 30~45개를 목표로 잡는 것이 좋다.

# BR푸시업 12형

체력과 뇌력, 심력을 기르는 푸시업을
BR(Brain Respiration)푸시업이라고 한다.

| **주의사항** |

1. 체력과 효과에 따라 12형 중 하나를 선택한다. 각 유형별로 각각의 효과가 있으나 초보자들은 1~4형으로 체력을 쌓고 차차 고급형으로 넘어가는 것이 바람직하다.

2. 제4형 이후부터는 허리와 복부에 강한 자극을 주게 되므로, 푸시업 후에 반드시 도인체조나 단무로 근육을 이완시키고 몸의 긴장을 풀어주어야 한다.

3. 목의 자세, 즉 귀가 어깨 중앙으로 떨어지도록 고개를 든다.

4. 견갑골이 서로 맞닿도록 깊이 숙인다.

5. 손목이 상하지 않도록 유의한다. 횟수가 많아지면 한 자세를 유지하는 것이 무리일 수 있다.

6. 푸시업을 할 때 호흡과 의념에 맞춰 진행하면 더욱 효과적이다.

7. 혈압이 높거나 상기 증세가 있으면 지나치게 많은 횟수로 기운을 끌어올리지 않도록 주의해야 한다.


| **푸시업과 명상** |

푸시업을 할 때는 아랫배에 힘을 주게 된다. 이 아랫배에는 태양신경총이라는 신경 조직이 있고, 이것은 자율 신경의 지배를 받게 되는데, 푸시업을 하는 동안 아랫배에 지그시 힘을 주면 자율 신경을 강화하는 복압력이 몸과 마음을 편안하게 만든다. 또, 충분한 이완 속에서 집중력이 좋아진다. 푸시업을 한 후 명상수련을 한다면 더 깊은 몸의 체험을 하게 될 것이다.

# 1 엎드려 하는 자세

| 자세 |

① 엎드린 상태에서 두 손을 가슴 옆에 짚는다.

② 두 팔을 뻗으면서 상체를 들어올린다.

③ 골반 부위는 그대로 바닥에 붙인 채로 복부와 가슴이 충분히 늘여줄 수 있도록 한다.


| 효과 |

① 체력이 지나치게 약하거나 등이 굽은 경우에 좋다.

② 선골 쪽으로 힘이 모이도록 상체를 들어올리는 것이 중요하다.

③ 임맥이 열리고 가슴이 활짝 펴져 호흡이 깊어진다.

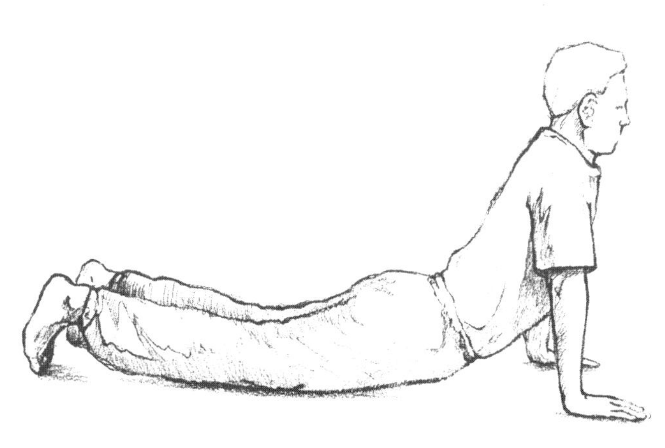

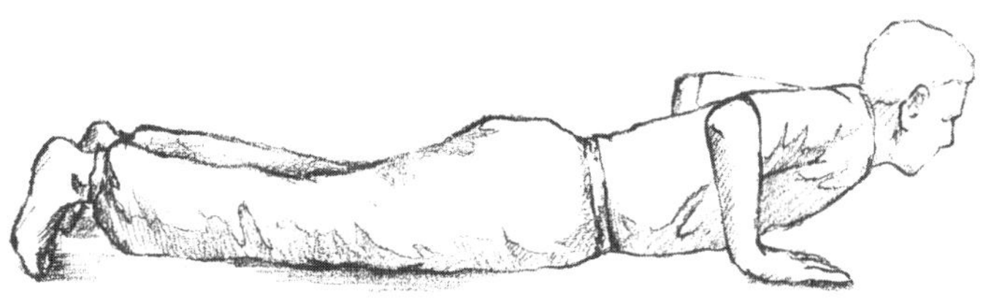

# 2 90도로 무릎을 꺾고 하는 자세

| **자세** |

① 사자 자세를 취한다.

② 시선은 전방 15도 정도 위로 들면서 가슴이 바닥에 닿을 정도까지 팔을 굽힌다.

③ 이 때 엉덩이와 허벅지의 각도는 일정하게 유지한다.

④ 몸을 앞으로 밀어 어깨와 팔이 같은 선상에 오도록 하며, 목을 숙이지 않도록 한다.

| **효과** |

① 팔 힘이 부족하고 가슴이 오그라든 체형을 충분히 펴 줄 수 있다.

② 무리가 가지 않는 상태에서 팔과 가슴을 자극하므로 조심스럽게 심폐 기능을 강화시켜 갈 수 있다. 임산부나 체력이 약한 사람에게 적합하다.

# 3 45도로 무릎을 꺾고 하는 자세

| **자세** |

① 무릎을 내린 상태로 바닥과 허벅지의 각도를 45도 정도로 유지한다.

② 팔을 굽혔다 폈다 하는 동작을 반복한다.


| **효과** |

① 허리에 부담을 주지 않으면서 상체와 팔을 단련시킨다.

② 팔과 가슴의 단련으로 순환기와 호흡기를 강화시킬 수 있다.

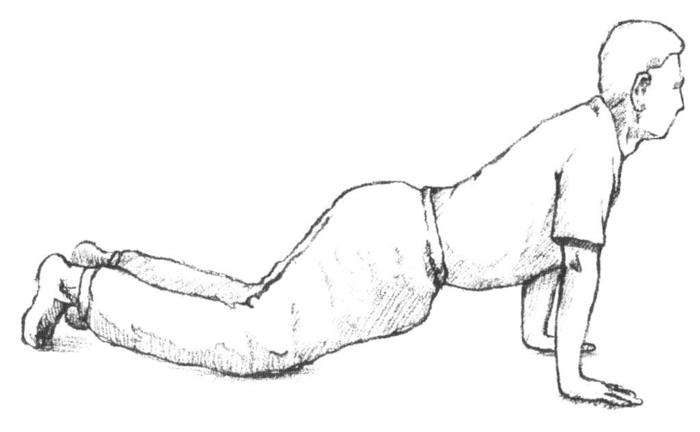

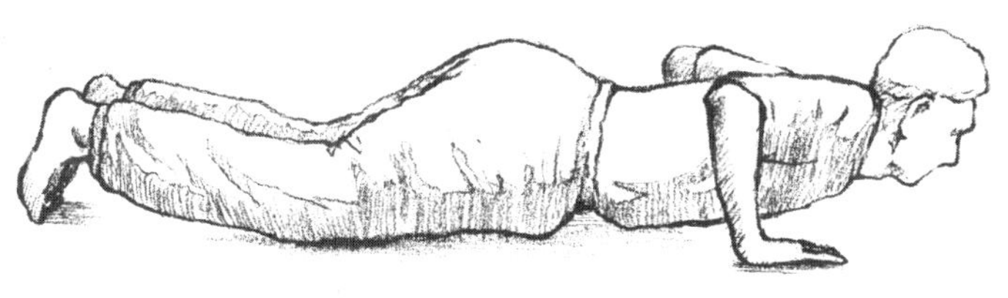

# **4** 일반적인 자세

| **자세** |

① 발 끝과 두 손바닥으로 몸을 지탱하고 푸시업을 한다.

② 동작을 취하는 동안 허리가 내려가면 안 된다.


| **효과** |

① 횟수를 늘려감에 따라 복부와 하체가 강화되므로 전신 운동의 효과를 기대할 수 있다.

② 호흡에 맞춰 오르내림으로써 전신의 기력이 강화된다.

③ 준비 자세를 유지하는 것만으로도 강한 운기의 효과를 기대할 수 있다.

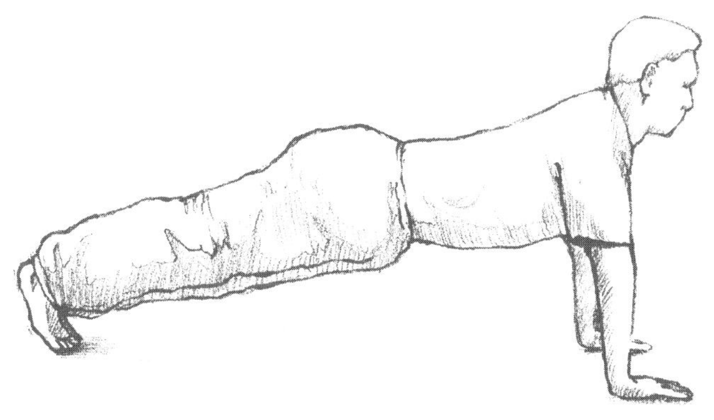

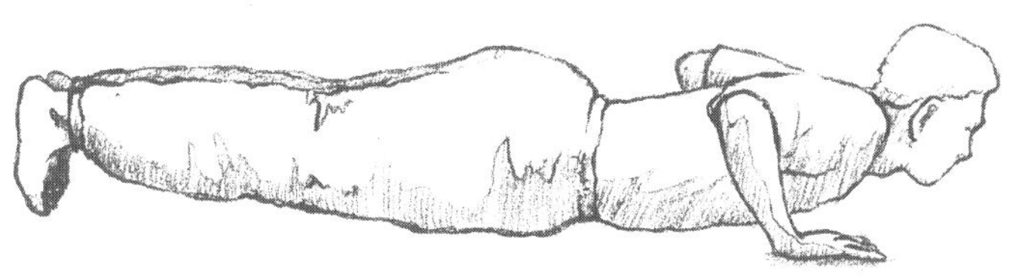

# 5 다리를 의자에 올리고 하는 자세

# 6 다리를 등받이에 올리고 하는 자세

### | 자세 |

① 두 발끝을 의자 위(5형) / 등받이(6형)에 올려놓는다.

② 허리가 떨어지지 않도록 자세를 유지한 상태로 푸시업을 한다.

### | 효과 |

허리가 떨어지지 않도록 유지하면서 푸시업을 반복하려면 팔과 어깨, 가슴의 힘 뿐만 아니라 단전과 하체의 강한 힘이 필요하다. 따라서 자세를 유지하는 것만으로도 전신의 기력이 강화된다.

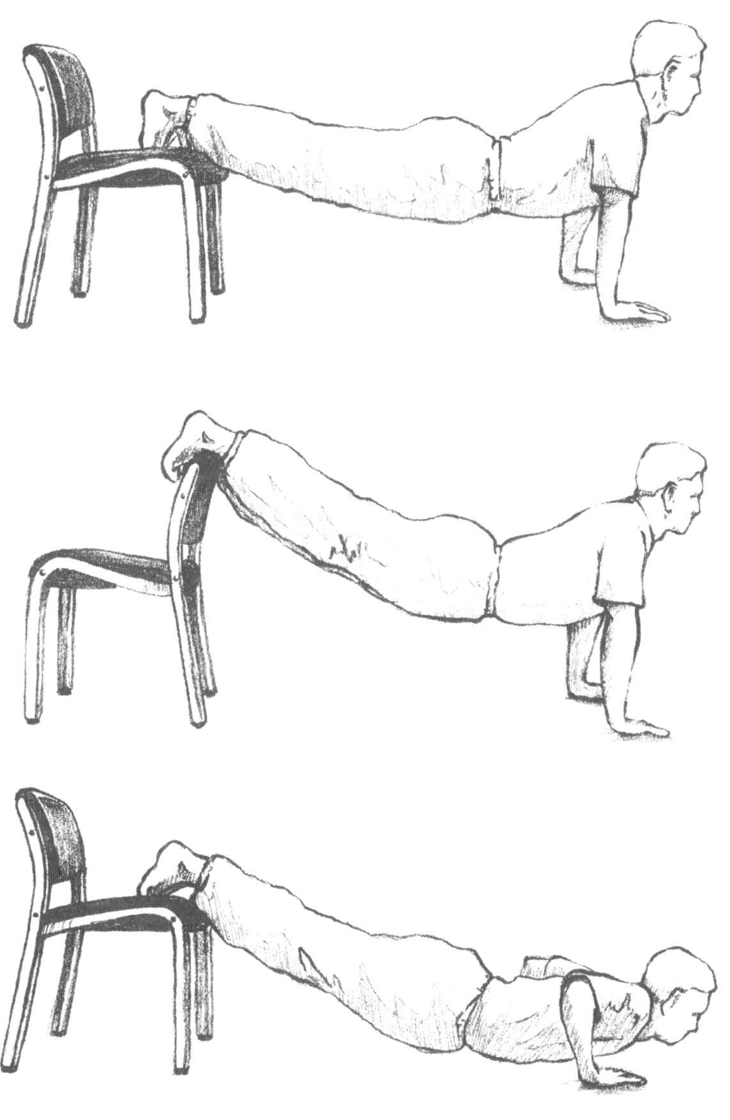

# 7 한 손으로 하는 자세

| **자세** |

① 두 발을 어깨 넓이만큼 벌리고 한 손을 바닥에 짚은 상태로 엎드린다.

② 다른 한 손은 허리 뒤에 뒷짐을 한다.

③ 허리는 몸통, 다리와 일직선이 되도록 들어준다.

④ 이 상태를 유지하면서 푸시업을 반복한다.


| **효과** |

① 좌우 뇌의 균형과 조화를 돕는다.

② 측만증을 개선하여 전신의 골격과 근육을 조화롭게 해준다.

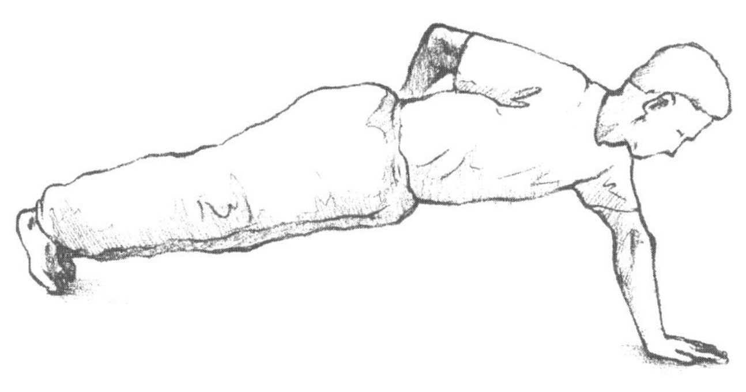

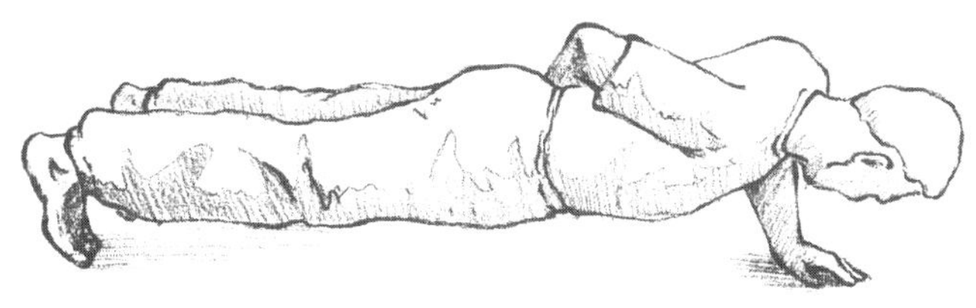

# 8 물구나무 서기로 하는 푸시업

| **자세** |

① 어깨 두 배 넓이로 두 손을 짚은 상태로 벽에 기대거나 다른 사람이
   잡아주든지 하여 물구나무를 선다.

② 양 팔을 90도까지 굽혔다 펴기를 반복한다.

③ 허리가 부담되지 않도록 아랫배에 힘을 주고 자세를 취한다.


| **효과** |

① 수승화강이 저절로 된다.

② 평형 감각이 발달하고 요추근, 복직근이 강화된다.

# 9·10·11·12 다섯 손가락으로 하는 자세

| **자세** |

① 일반적인 동작에서 다섯(9형) / 세(10형) / 두(11형) / 검지, 엄지(12형) 손가락으로 자세를 유지하고 푸시업을 반복한다.

② 이 동작은 손가락으로 모든 에너지를 모아야 하기 때문에 경락의 기혈유통이 손가락 끝까지 잘 흘러야 쉽게 할 수 있다. 단순히 근육의 힘만으로 하다가는 손가락 관절에 무리가 올 수 있으므로 절대 과욕하지 말아야 한다.

| **효과** |

① 말초까지 신경과 기혈의 흐름이 촉진되어 전신 기력이 향상된다.

② 수삼음경(폐장, 심장, 심포)과 수삼양경(대장, 삼초, 소장)을 두루 강화시킨다.

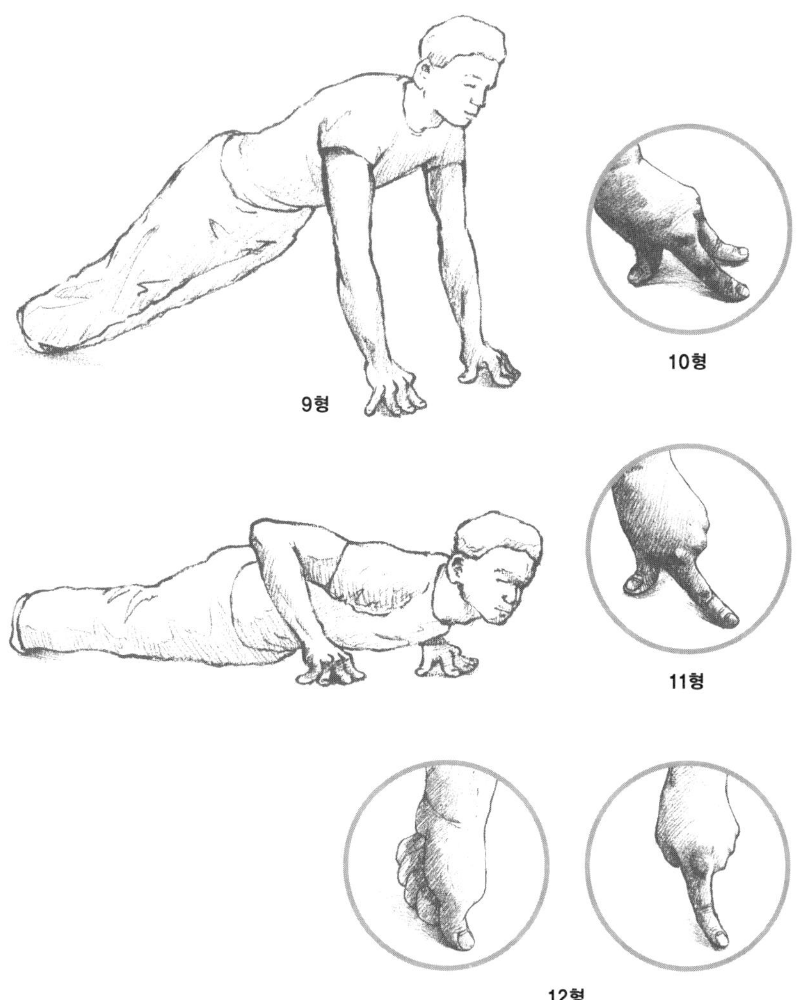
9형
10형
11형
12형

# 푸시업 후 근육 다듬기 : 팔이 굵어지는 것을 방지하는 법

### 1. 엎드려 어깨 관절 늘이기

1) 무릎을 꿇고 앉은 후 두 손을 합장한다

2) 엉덩이를 들며 두 손을 앞으로 뻗어 바닥을 짚어 앞을 쭉 뻗는다.

3) 몸을 좌우로 움직이며 어깨 근육과 팔의 관절을 이완한다.


### 2. 옆으로 숙이기

1) 무릎을 꿇고 엉덩이를 든 채 앉는다.

2) 오른발을 무릎을 꿇은 채 왼발은 옆을 쭉 뻗고, 양 팔은 수평이 되게
한다.

3) 상체를 왼쪽으로 기울면서 왼손으로 왼발의 하퇴(下腿 : 무릎에서 발
목까지의 부분. 정강이와 종아리)를 잡고 오른팔은 오른귀에 붙이고 왼
쪽으로 같이 숙인다.

## 3. 팔 돌리기

1) 두 팔을 몸에 붙이고 바로 선다.

2) 두 팔로 몸 밖으로 회전을 시키며 서서히 위로 올린다.

3) 두 팔이 정상에 이르면 다시 반대 방향으로 두 팔을 회전하며 밑으로

　내린다.

4) 6회 정도 반복한다.

# 푸시업 100개를 위한 근력 강화법

## 전체 운동 스케줄

1일째(상체) – 2일째(유산소) – 3일째(하체) – 4일째(유산소)

5일째(상체) – 6일째(유산소) – 7일째(하체) – 8일째(유산소)


### 원칙1. 복근 강화와 하체 단련을 함께 해준다

푸시업만 하면 진도가 잘 안 나간다. 몸의 전체적인 균형을 맞추기 위해서는 위의 운동 스케줄에 맞춰서 체계적으로 근력을 강화해나간다.


### 원칙2. 전체 운동은 다음의 4가지로 분류한다

| | |
|---|---|
| **워밍업** | 도인체조 혹은 주먹 지르며 다리 뻗기 |
| **상체** | 푸시업, 복근 운동 |
| **하체** | 앉았다 일어서기, 한 발 들고 뛰기 |
| **유산소** | 단무, 기공 등 |

**워밍업** : 일단 운동 시작 전에 몸을 잘 풀어준다. 주먹 지르며 다리 뻗기 50회는 팔, 다리, 허리를 동시에 단련시켜주는 일명 종합선물셋트. (푸시업 여성편 84페이지 참조)

**상체 단련 방법** : 1일 40~50분, 횟수는 자신의 체력에 맞게 조절한다.

---

푸시업 10~20개를 3~5회 반복

반윗몸일으키기 50~80개를 3회 반복

푸시업 10~20개를 3~5회 반복

반윗몸일으키기 50~80개를 3회 반복

---

**하체 단련 방법** : 1일 40~50분, 횟수는 자신의 체력에 맞게 조절한다.

---

앉았다 일어서기 30~50개를 3~5회 반복

한 발 들고 뛰기 30초~1분 3~5회 반복

앉았다 일어서기 30~50개를 3~5회 반복

한 발 들고 뛰기 30초~1분 3~5회 반복

---

**유산소 운동** : 단무, 기공

---

근력 운동 사이사이에 하는 휴식을 위한 운동

단무, 기공 등 동작을 천천히 하면서 호흡을 깊이 들이마신다

산소를 충분히 들이마심으로써 근력 생성에 도움을 준다

---

### 원칙3. 운동 강도는 자신의 한계치에서 2% 더 해준다

근육은 운동 후 지친 근육이 회복될 때 조금씩 생겨난다. 운동 직후 근육이 터질 듯이 뻑뻑한 느낌이 드는데 이것은근육이 회복되는 과정에서 다음을 대비해 여유분의 근육을 만드는 역할을 하는 것이다.

### 원칙4. 수련 시간은 1회 45분 이내로 한다

더 이상 하게 되면 근육의 피로가 쌓이기 시작하여 운동 효과가 반감된다.

### 원칙5. 휴식 기간에는 근육에 힘을 주지 않는다

# 푸시업 고수들이 말하는
# 내 몸 길들이기

**임효진** | 처음 시작한 날 : 2002년 10월 1일 · 최초 푸시업 개수 : 60개
최근 푸시업 개수 : 380개

'기분이 내키지 않아서' 혹은 '바빠서' 등등 핑계를 대거나 게을러지는 것을 막기 위해서 체크를 해줄 파트너가 필요하다. 또 누군가가 지켜보면 결과가 더 잘 나오기도 한다. 이왕이면 목표를 높이 잡고 도전한다.

중학교 1학년 때만 해도 한 개도 제대로 못했던 나는 형의 결정적인 한 마디, "한 개만 해봐라. 그러면 그것으로 넌 한 달 안에 30개 이상을 할거다"에 용기를 얻어 지금은 한 번에 300개 이상을 한다. 배에 왕 王 자도 생겼다. 가끔 목표량보다 20개씩 더 해낼 때 "그래, 잘했어!" 하는 마음으로 스스로에게 박수를 쳐준다. 한계를 넘어설 때의 그 기분, 그건 겪어본 사람만이 안다. 앞으로의 비전은 1,000번을 쉬지 않고 한 번에 다 하는 것이다. 다들, 지켜봐 주시라!

**이동훈** | 처음 시작한 날 : 2003년 8월 1일 · 최초 푸시업 개수 : 30개
최근 푸시업 개수 : 200개

'하겠다고 결심하고 끝까지 하는 것'이 중요하다. 처음에는 기본적인 힘을 기르기 위해 하루 동안 할 수 있는 개수를 정하고 그것을 짬짬이 나눠서 해본다. 힘이 좀 붙으면 한 번에 할 수 있는 최대 개수를 정하고,

하나씩 하나씩 늘려간다. 그날 그날의 몸 상태, 마음 상태에 따라 결과가 다르겠지만 꾸준히 하다 보면 묘한 쾌감이 생긴다. 푸시업은 의지만 있다면 누구나 원하는 만큼 개수를 늘릴 수 있고, 또 그것을 통해서 '할 수 있다'는 무한대의 자신감을 뇌에 심어줄 수 있다.

**이명학** | 처음 시작한 날 : 2003년 8월 26일 · 최초 푸시업 개수 : 30개
최근 푸시업 개수 : 150개

'반드시 할 수 있다. 누구나 다 한다. 특별한 것이 아니다' 라는 암시를 뇌에다 계속 입력한다. 또 숫자 대신 천부경 운율에 맞춰 리듬을 타고 하면 81개, 100개까지 수월하게 나간다. 푸시업 상황판을 보면서 현재 상태를 점검하고 잘 하는 사람들을 보면서 자극 받는 것도 좋은 방법이다.

**송창호** | 처음 시작한 날 : 2003년 8월 20일 · 최초 푸시업 개수 : 70개
최근 푸시업 개수 : 200개

푸시업은 팔 근육의 힘만으로는 잘 할 수 없다. 상체와 하체의 힘이 조화로워야 한다. 전신의 근력이 조화롭도록 가벼운 체조나 조깅을 겸한다. 손끝 방향도 위쪽으로만 하지 말고 양손 끝을 안으로 모아서 30회,

밖으로 30회 교대함으로써 근육의 힘이 한쪽으로 쏠리는 것을 방지한다. 또 주먹을 쥔 채로 40회 정도 해주면 팔뚝 근육이 굵어지는 것을 막을 수 있다. 그리고 100회 후 마무리가 중요한데 반 푸시업, 즉 무릎을 꿇고 팔을 더 많이 숙이면서 100회 정도 해주면 다음 날 팔이 더 잘 굽혀지고 개수를 늘리기도 쉽다. 기억해야 할 점은 팔힘 위주로 개수를 늘리면 팔이 고장이 난다는 것이다.

**장택수** | 처음 시작한 날 : 2003년 7월 1일 · 최초 푸시업 개수 : 30개
최근 푸시업 개수 : 233개

우선 목표를 정하고, 정직하고 정확하게 진심으로 끝까지 해야 한다. 그래야 몸과 마음이 기뻐하고 영혼이 움직인다. 몸이 고통스러울 때는 '아, 죽겠네' 대신 '내 몸이 점점 더 좋아지고 있다'고 정보를 바꿔준다. 견디기 힘들 땐 큰 소리로 웃으면서 엔돌핀을 뿜어낸다. 그러면 근육도 하고자 하는 의지를 낸다. 다하고 나면 무릎으로 앉아 심장이 뛰는 소리를 듣는다. 피가 온 몸을 휘도는 것을 느끼며 내가 살아있음에 감사드린다. 스트레스를 받은 근육은 가벼운 체조나 단무로 풀어낸다.

근육 속의 고통스러운 기억을 털어내야 다음에 할 때 장애가 되지 않는다. 개수는 무한대로 꾸준히 늘려간다.

**이혁재** | 처음 시작한 날 : 2003년 8월 15일 · 최초 푸시업 개수 : 30개
최근 푸시업 개수 : 250개

100개까지는 조금씩 늘려왔는데 그 이후부터 몸의 변화가 느껴졌다. 평소 조금만 화가 나도 머리 뒤로 치밀어 오르는 화기를 누르느라 힘들었는데 푸시업을 한 뒤로 머리가 개운해졌다. 답답하거나 어지러우면 수시로 푸시업을 하는데 이 때 막힌 임맥과 독맥이 자연스럽게 풀리는 것이 느껴져 푸시업의 위력을 실감한다.

**송영주** | 처음 시작한 날 : 2003년 8월 1일 · 최초 푸시업 개수 : 20개
최근 푸시업 개수 : 200개

천리길도 한 걸음부터! 더도 말고 덜도 말고 매일 한 개씩 늘려간다. '어제 이만큼 했는데 오늘 한 개 더 못하랴!' 는 마음으로 하니까 성공 확률 100%. 사람은 자극 받는 만큼 변한다. 나는 업무 달력 외 푸시업 달력을 하나 더 만들고 파란 사인펜으로 매일 체크를 한다. 나의 성실도를 한눈에 파악할 수 있다. 100개까지는 손가락 마디마디가 많이 아팠는데 그 후로는 씻은 듯이 사라졌다. 근육통을 피하기 위해서 푸시업 하기 전에 관절 마사지와 전신 마사지로 충분히 워밍업을 하고 끝난 뒤에도 가벼운 체조로 전신을 풀어준다. 처음에는 동작도 엉망이었는

데 시간이 지나고 힘이 붙으니까 자세도 반듯해졌다. 한 손으로 하는 푸시업 개수도 늘었다. 손끝을 세우고 했더니 독맥督脈 쪽 근육이 많이 튼튼해졌다. 몸은 참 정직하다. 내가 한 만큼 변화가 나타났다. 가까운 사람들에게 인상과 골격이 바뀌었다는 말을 자주 듣고 자신감도 많이 생겼다.

**임태균** | 처음 시작한 날 : 2003년 5월 1일 · 최초 푸시업 개수 : 60개
최근 푸시업 개수 : 800개

방법은 간단하다. ① 먼저 충분히 몸을 푼다. ② 일주일 단위로 개수를 올린다. ③ 한번 정한 개수는 이를 악물고 채운다. ④ 정말로 몸이 힘들 때, 하기 싫을 때도 타협하지 않고 매일 매일 한다.

　이렇게 해서 얻은 것은 ① 뱃심이 생겼다. ② 집중력이 좋아졌다. ③ 몸에 대한 자신감과 자기 확신이 커졌다. ④ 골격이 튼튼해졌다.

**진길성** | 처음 시작한 날 : 2003년 9월 1일 · 최초 푸시업 개수 : 50개
최근 푸시업 개수 : 200개

일정한 시간을 정해두고 규칙적으로 한다. 나는 아침에 일어나자마자

푸시업을 한다. 푸시업을 하면서 그날 그날 마음 속으로 떠오르는 구호를 외치기도 하고 실적을 내는 기분 좋은 상상을 하기도 한다. 푸시업을 하면서 한 가지 생각에 집중하는 것, 이것이야말로 푸시업 뇌호흡의 진수다!

**한경식** | 처음 시작한 날 : 2003년 8월 15일 · 최초 푸시업 개수 : 100개
최근 푸시업 개수 : 500개

푸시업은 체력, 정신력, 자신감을 키우는 데 그만이다. 나는 지난 5년간 푸시업을 하루 100개씩 꾸준히 해왔다. 푸시업을 하는 과정에서 몇 번의 한계가 왔는데 그 한계를 넘기면 혈이 열리고 기의 소통이 원활해지며 잔 걱정이 사라진다. 몸도 이전보다 훨씬 부드럽게 움직인다. 과거의 경험을 더듬어보면 한 고비를 넘기 위해서는 무엇보다 푸시업을 하는 목표(비전)가 분명해야 한다. 목표가 뚜렷하면 뚜렷할수록 자기도 모르게 힘이 샘솟는다. 계속해서 자신의 한계를 돌파해 나가며 무한대의 힘을 경험하는 것, 그 체험이 스스로를 당당하고 용감하게 만들어준다.

푸시업은 생각이 많거나 감정이 복잡할 때 해주면 특히 좋다. 저녁에는 손가락을 세워서 푸시업을 하는데 그렇게 몇 년을 하고 나니 활공하

기에 아주 좋은 약손이 되었다.


**임효성** | 처음 시작한 날 : 1986년 9월 1일 · 최초 푸시업 개수 : 50개
최근 푸시업 개수 : 230개

푸시업을 시작한 지 17년째. 푸시업의 핵심은 긍정적인 생각과 정성, 인내다. 특히 시작할 때의 마음가짐이 중요하다. 해보기도 전에 '내가 한 개라도 제대로 할 수 있을까?'라고 한계를 짓는다면 그 사람은 진짜 할 수가 없다. 부정적인 생각을 걷어내면 일단 반은 성공한 셈이다. 한 개를 한 사람은 한 달 안에 30개도 해낼 수 있다. 긍정적이고 창조적인 생각으로 자신의 뇌와 가슴을 환하게 밝혀라. 음악을 신나게 틀어놓는 것도 도움이 된다. 처음 30개까지는 꾸준히 늘려가고 30개가 됐을 때는 그 숫자로 10일 이상 해준다. 그리고 다시 조금씩 숫자를 늘려간다.

30개를 했다고 해서 '내가 30개 했으니까 힘든 거야' 하고 숫자에 속으면 안 된다. 한계 너머에 가능성이 기다린다.


**이창현** | 처음 시작한 날 : 2003년 9월 1일 · 최초 푸시업 개수 : 30개
최근 푸시업 개수 : 200개

푸시업은 하단전의 힘과 밀접하게 관련되어 있다. 그래서 하단전을 단

련하는 연단이나 호흡을 통해 미리 골격을 맞춰놓고 하면 훨씬 더 많이 할 수 있다. 주로 팔을 쓰다 보니 팔로 흐르는 대장경, 소장경, 폐경, 심경, 심포경, 삼초경이 활성화되고 온 몸의 운기가 원활해진다. 처음에는 팔로 하다가 힘이 들면 허리와 다리의 힘을 쓰게 되는데 이 때는 자세를 바로 해서 허리에 무리를 주지 않도록 주의한다.

**장성철** | 처음 시작한 날 : 2003년 9월 1일 · 최초 푸시업 개수 : 80개
최근 푸시업 개수 : 300개

푸시업은 어느 한계에서 잘 늘지 않는데 이때는 뱃심, 허리심, 뒷심을 키우는 하체강화 운동을 해줄 필요가 있다. 양손을 허리에 붙이고 무릎을 모은 채 제자리에서 쪼그려 뛰기를 한다(발목과 장단지 강화). 또 양발 간격을 어깨넓이로 벌리고 앉았다 일어서기를 한뒤 익숙해지면 한 다리로 앉았다 일어서기를 해준다(허벅지 근육 강화). 마지막으로 양발 간격을 어깨넓이로 벌리고 뒤꿈치를 들었다 내렸다 반복해준다(종아리 근육 강화).

# 내 몸에 정성 들이기,
# 푸시업을 위한 마음의 비타민

우리의 생명이 언제 끝날지
우리는 알지 못한다.
그러나 중요한 것은
지금 우리에게 생명이 주어져있다는 사실이다.
우리에게는 그 생명을 무엇을 위해, 어떻게 쓸지를
선택할 권리와 책임이 있다.

정말 최선을 다한다는 것,
집중한다는 것은
젖은 수건에서 물을 짜는 것이 아니라
마른 수건을 한번 더 짜서
물방울을 하나 만들어내는 것이다.

진정한 용기는 어떤 상황에서도
힘들어하지 않는 것이 아니다.
때론 힘이 들고 제자리 걸음일 때도 있지만
자신이 선택한 목적지를 향해서 끝까지 가는 것이다.

지치고 힘들 때는
당신의 몸을 편안하게 앉히고
깊게 조용히 숨을 쉬라.
당신의 마음이 당신의 몸을 바라보게 하라.
그리고 당신 자신에게 이렇게 말하라.
“괜찮아.”
가장 큰 격려는 언제나 우리 내부로부터 온다.

문제는 모르는 것이 아니라 아는 것을 행하지 않는 것이다.
문제는 선택이 아니라 선택한 것을 책임지지 않는 것이다.
아는 것을 행하고, 선택한 것을 책임져라.


여기 종Bell이 하나 있다.
그러나 아무리 좋은 종이라도
치지 않으면 아무 소리도 나지 않는다.
종을 쳐야만 소리가 난다.


긴장되고 두려울 때는 웃어라.
그것은 위대한 선택이다.
감정은 하나의 환상, 불면 날아가는 연기와 같다.
웃을 수 있는 용기를 지닌 사람은
감정에 지배당하지 않고 스스로 감정을 창조한다.

내 몸은 내가 아니라 내 것이다
내 마음은 내가 아니라 내 것이다
내 감정은 내가 아니라 내 것이다

No Action, No Creat ion
No Pain, No Gain

# 내 영혼의 푸시업

초판 1쇄 발행 2003년 12월 4일
초판 8쇄 발행 2007년 3월 12일

지은이 · 일지 이승헌
펴낸이 · 심정숙
펴낸곳 · (주)한문화멀티미디어
등 록 · 1990. 11. 28. 제 21-209호
주 소 · 서울시 강남구 삼성동 154-11, 7층 (135-090)
전 화 · 영업부 2016-3500 편집부 2016-3533
http://www.hanmunhwa.com E-mail : book@hanmunhwa.com

편집 · 이미향 방은진 김은하 강정화 곽문주
디자인 · 이정희 이은경 이부영 이성민
마케팅 · 이연경 조은희 강윤정
영업 · 이광우 한예훈
물류 · 문영식 류동한
출력 · 테크미디어
인쇄 · 대홍프린코 | 제본 · 은정제본

만든 사람들
책임편집 · 이미향 | 교정 · 황의준 | 디자인 · 이은경
표지/본문 일러스트 · 이선희 이부영



값 6,500원
ISBN 89-5699-010-7 03320